巴山蜀水

三线建设

BASHANSHUSHUI SANXIANJIANSHE

艾新全　陈晓林◎总主编

第二辑

中国文史出版社

巴山蜀水

三线建设

BASHANSHUSHUI SANXIANJIANSHE

陈晓林◎编著·摄影

重庆市三线建设掠影 ·卷四

第二辑

中国文史出版社

第一章 重庆市九龙坡区企事业单位

目录

巴山蜀水

三线建设

BASHANSHUSHUI SANXIANJIANSHE

重庆市九龙坡区企事业单位

1960 年 12 月 13 日，我出生在重庆市九龙坡区建设机床厂临长江之边，即现在鹅公岩大桥北桥头的一个小诊所里面。十年前，一个母亲节的中午，我开车从建设机床厂的停车场下到了这座业已破败、正待拆迁的小诊所。望着里面的一大排红色中药木柜和原始陈设，母亲饱含泪水地说道：就是这里。

当时母亲在交通部航务二处一个工地上班。一个太阳刚要落坡的下午，外婆带着学龄前的我去妈妈上班的工地并告诉我，你妈妈一两个月没有回家了，这是因为你妈妈正在参加扩大长江航运能力的九龙坡码头建设。

我第一次接触"三线"、接触军工企业都是在九龙坡。跑三线这三年时间，我曾多次荡漾在九龙坡三线建设历史遗迹的海洋里，空压厂的工房、建设厂的专家楼、发电厂的高烟囱……时时刻刻在我的脑海里闪现。

第一章

第01节 重庆建设机床厂

　　建设机床厂的全称叫作"国营建设机床制造厂"。在兵工部的编号中，它叫"296 厂"。这个厂的前身是抗战时期 1939 年内迁重庆的汉阳兵工厂。工厂位于重庆西郊谢家湾。1949 年底，该厂即有员工 1356 人，其中工人 1150 名，学工 117 名，技术人员 29 名，管理人员 61 名；设备 927 台（套）；生产用建筑面积 2 万平方米；设有 27 个车间、13 个职能处室。

　　重庆解放以后，建设机床厂经过三个重要的发展时期：

第一个时期是三线建设前的生产恢复和初步发展阶段。这个时期主要生产1953年制式的马枪、1956年制式的半自动步枪、各型弹道格、二、四联高射机枪和1963年制式的自动步枪，职工增加到了13000多人。第二个阶段就是三线建设时期的1964—1980年了。企业升级采用了电加工工艺、精密铸造、表面涂镀、中频和高频热处理、工程塑料应用等新工艺，增添了多种自动机床、组合机床、加工中心和自动生产线。

三线建设时期，建设机床厂相继研制开发生产EM751型5.6毫米自动步枪、EM752型5.2毫米标准步枪、EM763型5.6毫米移动靶步枪等产品（据1997年重庆出版社《重庆九龙坡区志》第67页）。民品方面也依次推出了"峨眉牌"系列比赛用汽枪、精标卡尺、分厘尺、锉刀、麻花钻，以及车、铣、钻、拉磨床，香烟滤嘴接嘴机，发

① 重庆建设机床厂厂区原址
② 重庆建设机床厂生活区遗址

②

① 重庆建设机床厂生活区遗址
② 重庆建设机床厂生活区遗址
③ 重庆建设机床厂生活区遗址
④ 重庆建设机床厂生活区遗址

电机，插秧机，螺钉切边机，翻水锅炉等民用工业品。

　　在三线建设时期，按照国家的统一安排，建设机床厂包建了 226 厂、386 厂、396 厂、9846 厂，并为 22 个省、市、自治区的地方军工建设提供了技术和工装，输送了各类专业人员近 2000 名。还先后为越南、阿尔巴尼亚、巴基斯坦、孟加拉国和利比亚等国家设计、制造、安装了军工项目，并为之培训了技术人员。

　　建设机床厂的第三个发展时期是 1980 年之后的"军民结合"时期。这个时期，该厂在坚持军品发展的同时，大力发展以摩托车为主的民用产品生产，主要品种是"重庆牌"JT50 型摩托车、"重庆雅马哈"CY80 型摩托车。其产品获国家优质产品金龙奖 6 个，获得国家金质奖产品 2 个、3 次。

　　先后有党和国家领导人毛泽东、刘少奇、朱德、邓小平、江泽民亲临工厂视察，并接待了多国政要对企业的参观访问。1988 年，工厂实现年产"重庆牌"JT50 型摩托车 134600 辆、"重庆雅马哈"CY80 型摩托车 70500 辆、系列气枪 76788 支、民用枪 1590 支，年民品产值 33820 元，全员劳动生产率计 18912 元／人。

第02节　国营重庆空气压缩机厂

国营重庆空气压缩机厂，简称"空压厂"，在兵工部的编号中，它叫"256厂"，也就是现在的西南车辆制造厂。在我还是孩子的时候，"空压厂"可谓如雷贯耳。1967年，重庆"文革"武斗升级，外婆告诉我："现在空压厂的坦克都开到大街上来了，我们再不回营山老家去，都会被坦克压死或打死的。"

空压厂的前身是豫丰机器厂，始建于1941年11月，位于重庆市北郊巴县的蔡家乡余家背，是旧中国银行所属

豫丰纺织股份有限公司、负责纺织机械修造的工厂，属于官僚资本主义企业。1949年12月10日，重庆市军管会接管了这家企业，并改名为"余家背机器厂"，隶属于重庆市轻工业局和豫丰纺织公司双重领导。

1953年5月，国家一机部和纺织工业部共同决定，工厂的生产方向改为制造空气压缩机专类企业，行政关系从当年7月1日起改属一机部四局领导。11月4日，将厂名改为"国营重庆空气压缩机厂"，工厂性质也由公私合营改为国营。1955年6月11日移交二机部领导，确定工厂主要生产二、四联高射机枪枪架，由民用企业转为兵工企业。

建厂初期，工厂主要生产纺纱机上的一些主要零部件，从1943年起才开始从事毛纺机整机制造，1953年改产空气压缩机，1955年工厂移交二机部领导后，改产高射机枪枪架。

① 国营重庆空气压缩机厂大门
② 国营重庆空气压缩机厂厂区
③ 国营重庆空气压缩机厂厂区

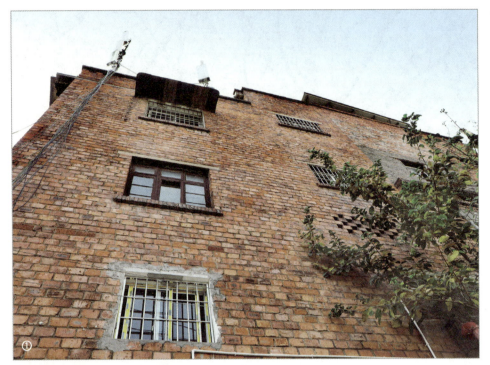

①

②

1957 年，根据中央"和战结合"的方针，在生产高射机枪枪架的同时，恢复了空气压缩机生产。

1959—1966 年，该厂研制出 60 式中型履带牵引车，Y-14 移动式空气压机站，J-4 空气加注车，14.5 毫米二联机枪架，511 水陆装甲输送车及部分军用产品。

1980 年，空压厂与四川境内 12 家兵工企业联合引进联邦德国"奔驰"2026 型越野汽车和 ZW 型沼泽控泥机。1984 年，与望江机器制造厂联合组织生产"铁马"(TM) SC2030 越野载重汽车，且使其逐渐成为企业的支柱产品，并先后荣获兵器工业部科技成果和国家科委科技进步奖。

1979—1983 年，空压厂发挥自己的军工技术优势，努力为地方工业发展做出了较大贡献。其中重大项目有：设计制造了重庆洗衣机总厂的电泳烤漆生产线、重庆制镜厂出口产品镜前处理联动线、重庆灯头厂插口灯头压玻璃半自动化生产线、重庆钢丸厂的钢丸机、

市中区食品公司的猪肉压油机等不少民用工业品。

据我们深入了解，为了支援全国的三线建设，空压厂从1964年至1977年，抽调了工人956名，技术及管理干部369人到全国各地参加三线建设。

党的十一届三中全会以后，空压厂在进一步研发军工产品的同时，加大了民品的开发工作力度，并努力发展成了一家中国兵器工业总公司所属大型一类骨干企业，西南地区唯一能同时自行设计、试制、批量生产轮式、履带式车辆的专业工厂。工厂又先后开发了"铁马"重型汽车、海滩淤泥作业和EF变速箱等系列产品。

1985年，空压厂拥有在册职工8963人，其中工程技术人员778人，固定资产原值10441万元，净值5594万元，其中机械设备1086台，金切设备999台，房屋建筑面积462452平方米。按1980年不变价计算，1985年完成的产值只有1059万元（军品未计入），但当年实现的利润总额却有1581.3万元。

① 国营重庆空气压缩机厂生产车间
② 国营重庆空气压缩机厂厂区环境
③ 国营重庆空气压缩机厂生活区
④ 国营重庆空气压缩机厂生活区

第03节　巴山仪器厂

"晓林班长，吴杰腿摔伤了，我们是否一块去看看他呢？"得了这个信息后，我约了巴蜀中学高七八级四班的班主任李明老师、团支部书记江帆等几位同学，一起来到了重庆巴山仪器厂家属区的柏林三村，探望因工负伤的吴杰同学。

从巴蜀中学毕业后，吴杰考取了中国国防科技大学，毕业后分到了重庆巴山仪器厂。摘了该厂的"厂花"之后，他经常精力旺盛地战斗在科研第一线，并逐渐成长为这家

①

厂的副厂长。

重庆巴山仪器厂的军工代号为289，源于716厂，系三线建设中重庆改扩建的军工企业，被誉为"中国航天的眼睛"。从1999年第一次"神舟"飞船启动，到2016年"神舟"11号发射，重庆巴山仪器厂生产的遥测设备均与之匹配，并取得了圆满成功。巴山仪器人为祖国的"两弹一星"及国防建设做出了巨大的贡献，因此有了"中国航天的眼睛"这个美誉。

任何企业的发展都不会是一帆风顺的，重庆巴山仪器厂也曾经走过了一段艰难曲折的道路。由于种种原因，到2001年底，巴山仪器厂已累计负债4个亿，负债达到了140%。若它身在原军工船舶系统，可能早就被破产了。在新的历史条件下，巴山仪器厂在中国航天科技集团，中国火箭股份公司的领导下，下大力气对民品生产进行了重组，一举扭转了原来

① 巴山仪器厂大门
② 巴山仪器厂卫生所
③ 巴山仪器厂家属区

②

拆迁区域

③

连年亏损的局面并实现了盈余。与此同时，企业痛下决心，以多种形式分流了富余人员，使中层干部从原来的 108 人减少到 38 人，员工从 2188 人减少到 760 人，大大减轻了企业的负担。举债偿还了所欠职工 800 多万元集资款，报销了 5 年来拖欠的职工医疗费 380 多万元，从而凝聚了企业的人心。

在稳民品、聚人心之后，巴山仪器厂加大了市场开发的力度，进一步密切了与二炮、空军、海军、总装等军事单位的友好合作关系。同时大规模增加了数百套遥测设备，为"神舟"系列航天工程提供了很好的服务。特别是隐蔽遥测和精确打击数据链等项目的成功实施，极大地增强了企业的自主创新能力。

在上级有关部门的支持下，巴山仪器厂利用原来的厂房和部分老住宅开始了轰轰烈烈的"旧房改造工程"，第一期"巴渝佳梦"拆迁面积 4.7 万平方米，建筑规模 12.9 万平方米，巴山仪器厂仅以 500 元每平方米的价格卖给了职工，当时外面的市值已逾 3000 元每平方米。

巴山仪器厂的蝶变和华丽转身，让我们再次看到了重庆航天人的精神。实际上，我们这个国家、我们这个时代最需要的正是这种精神。

① 巴山仪器厂工厂遗址
② 巴山仪器厂家属区
③ 巴山仪器厂家属区
④ 被开发的巴山仪器厂原址

第二章　重庆市九龙坡区企事业单位

第04节　中国兵器工业第五九研究所

作为全国最大的常规兵器工业基地，重庆市包括南川、永川、江津和渝中区，曾经有不少的兵器工业专类研究所，坐落在石桥铺渝州路的中国兵器工业第五九所（下文简称"五九所"）就是其中之一。

五九所始建于 1963 年，是以环境工程、新材料、新工艺的产品研发为主的综合性研究所。先进装备、先进材料、先进制造工艺等军事工程科学技术都是国防事业的重要领域。从现在复杂的国际环境来看，我们理应举全国之

①

① 中国兵器工业第五
　研究所大门
② 中国兵器工业第五
　研究所生活小区
③ 中国兵器工业第五
　研究所招待所
④ 中国兵器工业第五
　研究所家属区

力予以支持和推进，因为这个世界几乎愈来愈不讲"游戏规则"了，愈来愈弱肉强食了。弱国无外交，落后就要挨打，道理就这么简单。

荷兰 ASML 的一台光刻机能卖到 1 亿美元，堪比美国的 F-35 战斗机，你有钱还不一定买得到。ASML 公司曾放言：给中国图纸，你们都造不出来。因为其制造技术难度巨高，且需要全球 1000 多家顶级企业的合作方能完成。在邓小平韬光养晦的时代，或许像五九所这样的机构还可以寻求更多的国际合作；但到了"厉害了，我的国"这个时代，特别是在新冠疫情下，可能我们的兵器工业再要上一个台阶，只能靠我们自己了。

① 中国兵器工业第五研究所招待所
② 中国兵器工业第五研究所家属小区

第05节 国营五〇七七厂

20世纪90年代，我的公司承接了重庆和尚山水厂的园林绿化工程。一次偶然的机会，时任重庆副市长唐情林告诉我们：他毕业于重庆工业管理学院，曾经在五〇七七厂搞过共青团和工会工作。这家厂是与重庆常规武器基地配套建设的，先前主产全自动双三七高炮的电传装置，厂址就坐落在重庆工业管理学院以内，又叫国营七一仪表厂。

国营五〇七七厂遗址

　　国营五〇七七厂是 1969 年由学校改造而成的，继小口径高炮电传动器之后，又开发了舷外机点火系统、大排量电喷磁电机、电动绞盘、通机飞轮等几个系列的产品，其电动绞盘和通机飞轮，为重庆军工的基地建设和民用微车、摩托车工业做出过突出贡献。

　　该厂组织精兵强将，从舷外机工作原理入手，提出了点火器组件中点火电容、点火线圈和飞轮组件的具体设计方案和设计参数，对舷外机点火系统的发展及推广制造，做了积极的探索。电喷磁电机是采用电磁控制装置，取代传统的机械系统（如化油器）来控制发电机供油的一个系统。在当时那个年代，都算是位于全国先进的行业了。

① 国营五〇七厂生活区
② 国营五〇七厂生活区
③ 国营五〇七厂生活区
④ 国营五〇七厂生活区

第06节　成都军区351二库

重庆市九龙坡黄桷坪地区有两座战备仓库，一座是中国人民解放军总后勤部 37 分部的 351 二库，坐落于黄桷坪鱼鳅浩——在没有与南岸区四公里的 351 一库分家之前，它们是正师级单位；另一座就是坐落在黄桷坪滩子口的成都军区战备库，它是一家团级单位编制。至于这两座军用库房之间的区别与联系，因为涉及军事秘密，一般人是搞不懂的了。

2022 年 3 月 15 日，重庆三线两会在考察重庆发电厂

①

结束返回的路上，过了黄桷坪四川美术学院不久，同行的冯波先生指着一个"九龙坡区区级文物保护"单位告诉我：这就是空压厂的"坦克库"。

我们登记完，仔细参观了保存完好的两栋仓库。仓库系砖混结构，外墙大部分为青砖、局部为红砖，坡屋顶使用的混凝土非常宽厚，抗打击能力很强。军事设施如此，三线民用仓库也是如此。但它并不是我们要找的成都军区351二库。

对冯波介绍的"空压厂坦克库"，我们当时就有些持怀疑态度。回家后，我们仔细查阅了1997年重庆出版社出版的《重庆九龙坡志》，它在第407页上只介绍了这么一句话："1965年4月，中国人民解放军五九一四五部队驻黄桷坪滩子口。"再分别打了两个电话，给原351一库的首长和我中学的

① 成都军区351二库大门
② 成都军区351二库库区
③ 成都军区351二库库区

第一章　重庆市九龙坡区企事业单位

021

一位同学——从北京工业学院动车辆系毕业，分配到空压厂，才知道原来成都军区 351 二库属总后勤部 37 分部，一库存弹，二库存械。在新中国成立初即建立起来，为抗美援朝、对印作战、对越自卫反击战和三线备战，都发挥过相当大的作用，最后才由总后勤部系统转给成都军区。

考察组一行在成都军区 351 二库考察调研

第07节　第三十九陆军医院

我们上小学时，曾经读过毛主席的《纪念白求恩》，它不仅使我们懂得了白求恩大夫伟大的国际主义精神，也让我们认识到作为一线部队设置野战医院的重要性和必要性。三线建设前后，解放军总后勤部在重庆建立了正军级的37分部，其中四川和重庆设置有7家团级编制的野战医院，坐落于九龙坡石桥乡六店子的第三十九陆军医院就是其中之一。

第三十九陆军医院由中国人民解放军第四十五、

第三十九陆军医院大门

五十一、五十二、五十三、六十军医院和成都军区卫生部等单位统编而成，1964年院址设在成都华阳，1965年迁至重庆南岸，1978年迁九龙坡石桥乡六店子。1985年，该院有职工137人，其中卫生技术人员77人，设病床100张。

2022年5月24日，重庆三线两会前往考察调研，据说它已和324医院整合后，作为中国人民解放军陆军军医大学的一个部分，被搬到江北区去了，原来的院址基本上废弃，一小部分被整合成了精神卫生中心。

第三十九陆军医院的区域位置非常好，若能把它改造成公立性的健养院，其社会和经济效益将会更好。

① 第三十九陆军医院遗址
② 第三十九陆军医院遗址
③ 第三十九陆军医院遗址
④ 第三十九陆军医院遗址
⑤ 第三十九陆军医院遗址

第08节 重庆发电厂

　　《重庆发电厂厂史》记载，重庆解放时，仅有 3 座公用发电厂，即第一发电所（大溪沟发电厂）、第二发电所（弹子石发电所）、第三发电所（鹅公岩发电厂）。加上 11 家自备发电的工厂，全市的总装机容量仅有 26850 瓦。并且第三发电所还在解放前夕被炸毁。

　　重庆解放后，第三发电所修复发电，但全市电力仍

① 重慶發電廠

① 重庆发电厂大门
② 重庆发电厂水塔
③ 重庆发电厂烟囱
④ 重庆发电厂生产系
　 统一角

然极度紧缺，日最高负荷仅为21800千瓦时。社会上一度有"电摇机器不如手，油灯反比电灯明"的说法。

"一五"计划明确提出，要建立我国的社会主义工业化的初步基础。电不够用，如何建设工业？在此背景下，重庆发电厂应运而生，成为西南地区首座自动化的火力发电厂。

1955年，通过学业务和严抓生产规范，重庆发电厂的发电量跃升至1.9729亿千瓦时。1985年，经过30年不断建设，重庆发电厂总装机容量达到696兆瓦，成为西南地区当时最大的火力发电厂。

截至2015年，重庆发电厂九龙坡黄桷坪老厂区因环保搬迁全部关停时，该厂累计发电1262亿千瓦时，累计纳税7.94亿元。

① 远眺重庆发电厂双烟囱
② 重庆发电厂核心区域

二

1952 年 11 月 16 日，重庆发电厂的前身重庆 507 电力厂动工。全部设备由苏联设计、制造、供货。

1955 年，重庆 507 电力厂更名为重庆发电厂。1958 年，"东厂"开始建设，1969 年全部建成投用。重庆 507 电力厂被称为重庆发电厂"西厂"，后来扩建的厂区，称为"东厂"。

重庆发电厂是西南地区新中国成立后建设的第一座大型火力发电厂，被列为我国第一个五年计划的 156 项重点建设工程之一，也是苏联援助我国建设的 141 项工程之一。该项目装机容量 2.4 万千瓦，工程总投资 3614.13 万元，全部由苏联提供设备，其中发电机由苏联基洛夫电力工厂制造，汽轮机由苏联布良基蒸汽机厂制造，锅炉由苏联巴尔那乌斯基锅炉厂制造。全部工程从勘测、设计、施工到试运行，都是在苏联专家的直接指导下进行的。

西厂除第一期工程之外，还分为第二至五期工程分别建设，其发电机全部由上海电机厂制造，汽轮机由上海汽

①

轮机厂制造，锅炉分别由苏联巴尔那乌斯基锅炉厂、哈尔滨锅炉厂制造。第六期工程是建设重庆发电厂的东厂，开工于中国经济最困难的 1960 年，该工程的建设主要是安装四台 5 万千瓦汽轮发电机组，总投资为 9077.9 万元，其发电机、汽轮机、锅炉全部由哈尔滨制造。

1977 年 12 月，重庆以"渝发（1977）59 号"文上报《关于扩建重庆电厂二台 20 万千瓦机组的紧急报告》，1982 年 10 月 19 日，国家经济委员会以"经基（1982）453 号"文批准重庆发电厂建设"新厂"，即第七期工程，并将它正式纳入"六五"电力建设项目。

重庆发电厂"新厂"，建设安装 2 台 20 万千瓦超高压机组，是整个四川地区首次安装 20 万千瓦大型火电机组。发电机、汽轮机和锅炉分别由四川省的东方电机厂、东方汽轮机厂和东方锅炉厂制造。工程由西南电力设计院设计。1982 年 10 月，部分单项工程如烟囱、水泵房、输煤系统已先期开工，总工期四年半，于 1987 年 12 月 29 日正式移交投产。

重庆发电厂"新厂"扩建工程实行承、发、包经济责任制，并按概算投资切块包干，实行以工期、质量、投资和综合形成生产能力为内容的包干包建责任制。重庆第九建筑工程公司总包主要建筑工程，西南电管局电力建设一公司总包设备安装及沉沙池建筑工程。

至 1987 年 12 月，重庆发电厂共建有汽轮机组 14 台，总装机容量 69.6 万千瓦。全厂由西厂、东厂和新厂三部分组成，其中西厂安装 1.2 万千瓦机组 8 台，东厂安装 5 万千瓦机组 4 台，新厂安装 20 万千瓦机组 2 台。全厂工程总投资为 51935.8 万元，单位千瓦投资 746.2 元。

重庆发电厂占地面积 1065986 平方米，建筑面积 189389 平方米，厂区铁路长 3.5 千米；1988 年设 12 个车间，21 个科室；职工 3264 人，其中工程技术人员 220 人；全年发电量 417858 万千瓦时，创造工业总产值 19267 万元。

① 远眺重庆发电厂
② 重庆发电厂家属区
③ 重庆发电厂生活区环境

① 重庆发电厂家属区
② 重庆发电厂家属区
③ 重庆发电厂家属区
④ 重庆发电厂俱乐部

④

三

2014 年至 2015 年，因为环保需要，重庆发电厂环保搬迁至万盛经开区。其工业遗址将打造成为重庆美术公园的核心区，厂房将进行改造，发挥美术博览交流会展功能。

2020 年 5 月，重庆美术公园正式落户九龙半岛，同年 10 月正式启动建设。其规划提出，以四川美术学院黄桷坪校区为依托，以重庆发电厂工业遗址为核心，以九龙滨江生态区域为轮廓，在九龙半岛全域打造集"大美景、大美育、大美业"于一体，市民广泛参与的、国际化高品质美术主题公园，致力于建成"全球独特、中国唯一"。重庆美术公园将保护和改造利用宝贵的工业遗存，促进工业遗存与文化艺术交相辉映。重庆发电厂的两座烟囱是全重庆保存最完好、最具特色的工业遗迹之一，今后有望打造为"灯塔"，继续点亮重庆夜景。

这也意味着，重庆发电厂，将以艺术载体的新身份，延续与重庆这座城市的故事。

第09节　重庆水轮机厂

20世纪70年代中期的一天下午，父亲一位"老八路"身份的老乡——时任重庆水轮机厂党委书记李化明，刚从市三院老干中心出院，来到了我们家，一是感谢家父对他在院期间的悉心治疗和照顾，二是邀请我们一家人去他家做客。

李化明伯伯的家跟当时所有的工厂领导一样，都位于工厂家属区内。重庆水轮机厂位于九龙坡区李家沱，濒临长江。

①

而李家沱则是重庆工业的缩影。

从 20 世纪 30 年代开始，重庆市外的企业逐步向重庆市内迁移，李家沱渐渐发展成为当时的工业重镇。60 年代后期到 70 年代中期，水电行业、毛纺行业、陶瓷行业、化工行业，如雨后春笋般占据着李家沱的经济市场。

解放前，李家沱比较知名的企业如毛纺织染厂、水轮机厂、六棉厂等迅猛发展。直至 20 世纪 90 年代，工业经济更是成为当地人的"衣食父母"，那时李家沱拥有大约 3.7 万常住人口，镇上 95% 以上的人都是工厂职工、家属和退休人员。像毛纺厂、水轮机厂等仅职工就达四五千人。

当年李家沱依仗着在杨家坪、大渡口、南坪、鱼洞相对中心的位置得到历史的青睐，因此大量的重型工业厂矿云集

① 重庆水轮机厂大门标志
② 重庆水轮机厂老厂生产区
③ 重庆水轮机厂老厂生产车间

①

于此，李家沱是重庆南部当仁不让的中心。1996年，李家沱正式脱离九龙坡，随着重庆产业体系的逐渐升级与转型，李家沱的工业发展步入平缓下降期。

一个阳光明媚的星期天，李化明伯伯一大早就派了一辆美式吉普车到市三院家属区来接我们一家四口，这是我第一次坐小汽车，当时感到非常的神奇、高傲，一批小屁孩儿投来的眼光是那么的羡慕、嫉妒加恨。

那个年代的干部，真的是和群众打成一片的，李化明伯伯虽是重庆水轮机厂的"一把手"，但其生活条件与普通老百姓没有什么两样，住的是"筒子楼"，面积稍比普通工人多一丁点儿，唯一不同的是政府特许"背了一个包"——有独立的厕所、厨房而已。

重庆水轮机厂最早是由恒顺、上海、洪发利、协昌4家机器厂合并而成的。恒顺机器厂于1895年创建于湖北汉阳，先生产铁锅，后做煤气机；上海机器厂于1930年创办于上海，1937年迁到湖北武昌，再迁渝后开始制造水轮机；洪发利机器厂于1930年创办于湖北汉口，1936年迁重庆后主产机床；协昌机器厂于抗战之前从武昌迁重庆，主产纺织机械。1953年1月，这4家厂合并为公私合营西南206厂，1957年更名为重庆水轮机厂。

西南 206 厂成立时，有职工 801 人，固定资产 80 万元，金属切削机床 148 台，占地 4 万平方米，主要生产水轮机、柴油机、煤气机、离心泵等。从 1956 年开始，该厂生产 6 立方米空气压缩机。1957 年改名重庆水轮机厂时，已有职工 1757 人，拥有固定资产 479 万元，金切机床 223 台，占地 23.8 万平方米，年产水轮机 48 台 /8.068 千瓦、空压机 350 台 /2.184 平方米。1958 年，该厂进行了第一次扩建，新建了水轮机、发电机、调速器、线圈等加工车间和锻压车间。

三线建设开始后的 1965 年，重庆水轮机厂进行了第二次扩建，组建了 3 个军工生产车间。通过扩建和改造，形成了生产中小型水轮发电机组 7 万千瓦、军工 "901 工程" 3 号机共 300 套的综合生产能力。1965 年，该厂职工达到了 2671

① 重庆水轮机厂老厂生产系统
② 重庆水轮机厂老厂生产系统

②

①

②

人，拥有固定资产 2119 万元，金切机床 299 台，占地面积 31.5 万平方米。1971 年，该厂将原来的主要产品，根据三线建设的统一规划，把空气压缩机扩散到四川省自贡市去了。

十年动乱期间，该厂的生产受到巨大的冲击，且波动很大。1966 年工业生产总值 2037 万元，到 1968 年仅有 288 万元，1969 年工厂亏损 112.6 万元。到了 1976 年，该厂处于半停产状态，亏损达 173 万元之多。粉碎"四人帮"之后的 1978 年，工业生产总值达到了 2130 万元，实现利润 455 万元；到 1980 年，工业生产总值 2898 万元，利润 864 万元。

截止于 1983 年，重庆水轮机厂综合生产能力达到年产水轮机发电机组 15 万千瓦，军工"901 工程"4 号机 300 套。能生产单机容量从 125 千瓦到 25000 千瓦，水头从 4 米到 627 米的贯流式、轴流式、混流式、冲击式 4 大类水轮机 200 多个规格，发电机 110 多个规格。1979 年至 1980 年连续两年，在全国同行业质量评比中荣获两个第一。

　　1983 年，该厂拥有在册职工 4107 人，其中工程技术人员 319 人；固定资产原值 4094 万元，净值 1947 万元；主要设备 498 台，其中"精、大、稀"设备 77 台，最大加工设备为 8 米立车和 8 米卧车，最大厂房跨距 24 米，最大行车 50 吨，最大炼钢能力 8 吨；占地面积 22.6 万平方米，建筑面积 13.7 万平方米。为全国 1200 多座电站提供水电设备 2000 多台套，还先后把自己的设备出口到了美国、秘鲁、阿富汗、布隆迪、阿尔巴尼亚、越南、蒙古等国家和地区。

① 重庆水轮机厂地址
② 重庆水轮机厂生活区
③ 重庆水轮机厂生活区
④ 重庆水轮机厂生活区

第10节　重庆中建机械制造厂

一次同几位朋友吃饭，一位姓连的美眉说：我爷爷原来是工程兵 21 支队下面的重庆中建机械制造厂的厂长。这个厂是 50 年代成立的，原先从工程兵转为中国建筑工程总公司所属，后来下放给了中建二局，好像是 1982 年前后才交给地方的。你们搞三线建设和地方史研究，为什么不写写这个厂呢？

我在重庆生活了 50 多年，也算是半个"重庆通"了。过去从石坪桥回沙坪坝，中间要经过一个大转盘，当时的

①

重庆中建机械制造厂就在石桥铺白鹤村。自从重庆市计划单列，特别是直辖后，重庆的经济就上了一个很大的台阶，城市建设和房地产开发可以说是飞速发展，日新月异，重庆中建机械制造厂生产的塔吊、搅拌机、卷扬机等在市场上都是非常畅销的。

重庆的建筑机械，20世纪50年代才开始起步，60年代中期逐步形成专业化生产，70年代进入成长阶段。80年代中期，我认识从西南合成药厂"下海"的一位叫张友乾的私营业主，他专门给重庆中建机械制造厂配套，生意做得风生水起。"当时除了重庆中建机械制造厂之外，还有重庆建筑机械厂、第二建筑机械厂、重庆南山建筑机械厂、重庆沙坪坝塔式起重机厂，生产塔吊等建筑机械，都是先钱后货，排起列子（编

① 重庆中建机械制造厂家属楼
② 重庆中建机械制造厂生活区地标
③ 重庆中建机械制造厂生活一角

第二章 重庆市九龙坡区企事业单位

者注:川渝口语,意指'排队')等货。"张友乾先生如斯告诉我。

1985年,重庆中建机械制造厂拥有职工939人,其中工程技术人员51人;固定资产原值973万元,净值590万元;占地102.3亩,全年完成工业生产总值829万元,实现利润75万元。

① 重庆中建机械制造厂生活区
② 重庆中建机械制造厂生活区

第11节 重庆汽车制造厂

　　重庆汽车制造厂是我国机械工业重点企业，是国家机械委中汽联（编者注："中国汽车联合会"的简称）定点生产载重汽车、改装车及客车底盘的专业工厂，是解放汽车工业联营公司在西南地区定点生产解放系列产品的唯一厂家，是我国最早引进日本五十铃轻型车生产技术，并为国家定点生产五十铃轻型汽车的专业厂。

重庆汽车制造厂生产区

①

②

重庆汽车制造厂始建于1946年，原名协兴机器厂，以船舶修配为主业。1956年，协兴机器厂与荣记机器铁工厂合并，成立了公私合营协兴船舶修配厂，隶属于重庆机械工业公司。1958年，因生产蒸汽机的需要，由国家投资，工厂从重庆南岸区野猫溪迁至九龙坡区中梁山扩建，同时又并入了私营的渝利翻砂厂，更名为"重庆协兴动力机器厂"。

三线开始后的1964年，为生产中小型工矿窄轨电动机，由原一机部下文，投资改建，改建纲领为年产150台电动机车生产能力。翌年，工厂更名为"重庆动力机械厂"。1969年，企业开始生产"山城牌"4吨载重汽车。1981年我大学毕业，被分配到重庆制药机械厂，厂里的车队就有一台车况不是很好的"山城牌"4吨载重汽车。

建厂初期，重庆汽车制造厂设备简陋，基础条件比较薄弱，生产业务以船舶修配为主。1958年，工厂主要生产55.13～147千瓦的蒸汽机及部分非标设备。三线建设时期，国家对该厂陆续进行投资改造，到 1972 年，形成相当规模的工矿电动机车生产能力。1969 年，开始试生产"山城牌"4 吨载重汽车；次年，经过 5 台样车试制后通过鉴定，全年完成 248 辆"山城牌"4 吨载重汽车。

1981 年，重庆汽车制造厂与二汽联营，开发生产了东风系列载重车及其变形改装车。1980 年，又与一汽联营，承担组装生产解放系列中 CA141、CA15 型载重汽车及同步改装生产 CQ340 型、CQ341 型 4.5 吨自卸车。

1985 年，该厂与日本五十铃汽车株式会社合作，创办了庆铃汽车有限公司，引进了五十铃 NKR、NHR 柴油轻型卡车生产制造技术，并开始了该车型的国产化工作。

1988 年，重庆汽车制造厂

① 重庆汽车制造厂整车试验场
② 重庆汽车制造厂油库
③ 重庆汽车制造厂烟囱

①

拥有职工 1917 人，其中工程技术人员 144 人，管理人员 259 人，时有固定资产 3006.7 万元，占地面积 48 万平方米，其中房屋建筑面积 9.9 万平方米，有主要设备 490 台，引进设备 10 台，引进生产线 2 条。全厂汽车生产量 3779 辆，完成工业总产值 17728.88 万元，实现利润 1620 万元。主要产品有五十铃 NKR、NHR 系列轻型柴油卡车。

① 重庆汽车制造厂生活区
② 重庆汽车制造厂篮球场
③ 重庆汽车制造厂生活区
④ 重庆汽车制造厂生活区

②

③

④

第12节　重庆变压器厂

重庆变压器厂原是位于化龙桥的重庆电机厂的一个组成部分——变压器车间（三车间），生产变压器已有几十年的历史，三峡工程上马之前，主要生产电压等级为35千伏及以下产品，单台最大容量为1万千伏安以下的系列产品。1980年至1985年，该厂先后设计制造出变压器12个系列、110个规格；1985年又开始试制S9系列产品，

①

① 重庆变压器厂综合楼
② 重庆变压器厂产品
③ 重庆变压器厂生产区
④ 重庆变压器厂产品

重庆变压器厂现代化的生产区

其性能达到意大利等国家的先进水平。

为了满足三峡工程的需要，经时任国务院总理李鹏提议，国家经委批准，于1985—1987年进行了重大技术改造，在重庆电机厂旁征地185亩，易地扩建为重庆变压器厂。工程总投资2998万元，于1988年8月竣工投产，其年产能力一下子提高到了200万千伏安，单台最大容量达到了18万千伏安，最高电压220千伏，产品畅销全国，并出口东南亚国家。

1989年，重庆变压器厂拥有职工1010人，其中工程技术人员100人，固定资产3000万元，厂区占地面积12万平方米，建筑面积3.2万平方米，拥有西南地区第一流的工艺测试设备。其中主要有厂房起吊能力2×110T，德国乔格剪切线TBA/ME800×5000，雷击电压发电器1800千伏等。1989年，完成各种变压器120万千伏安，销售收入3600万元，实现利润300万元。

1998年，重庆变压器厂与ABB公司合资组建了重庆ABB变压器有限公司，专业生产220～500千伏级以上大型电力变压器、配电柜。

2007年8月，重庆变压器厂改制为重庆重变电器有限责任公司。2012年6月，从九龙坡中梁山玉清寺整体环保搬迁至铜梁工业园区金山大道19号。

第13节 重庆标准件厂

1956 年，重庆治华机器厂和几家红打（即打铁——编者注）作坊合营，组建了重庆标准件厂。在三线建设中，从 1965 年开始，先后从上海内迁重庆的上海螺帽厂、上海标准件一厂、永兴材料拉丝厂等 14 个企业，这些企业的人员和设备并入重庆标准件厂之后，使得该厂生产规模和生产能力得到很大的提高，在 20 世纪 70 年代，该厂已成为全国十大标准件厂家之一。

所谓标准件，是指结构、尺寸、形态、标记等各个方

重庆标准件厂遗址

① 重庆标准件厂遗址
② 重庆标准件厂遗址
③ 重庆标准件厂遗址
④ 重庆标准件厂遗址
⑤ 重庆标准件厂遗址

面已经完全标准化，并由专业厂生产的常用的零（部）件，如螺纹件、键、销、滚动轴承等。1972 年之后，该厂按国际标准（GB）、西德标准（DIN）和国家标准（ISO）进行生产，其产品行销全国各地，还能成批量地销往中国香港、联邦德国、新加坡、美国等国家和地区。

该厂共有 32 个品种、2000 多个规格的产品，且具有齐备的检测手段，产品在全国质量评比中曾获第一名的殊荣，1988 年还被吸收为东风汽车联营公司专业化定点成员厂。

1988 年，重庆标准件厂拥有职工 817 人，其中工程技术人员 43 人；有固定资产原值 794 万元；金切机床 50 台，锻压设备 52 台；全厂占地面积 4.08 平方米，其中生产面积 1.9 万平方米；全年生产标准紧固件 1.53 亿件，完成工业总产值 920 万元，其中出口产值 358 万元，占全厂总产值 39%，实现利税 66 万元。

④

⑤

第14节 重庆第二标准件厂

重庆第二标准件厂是原一机部定点生产标准紧固件的专业厂，原名"重庆江渝标准件厂"，1979年更名为重庆第二标准件厂。主要产品有：M18以上螺栓、螺母（包括高强度产品）以及弹簧垫圈，孔、轴用弹性挡圈、垫圈、铆钉等。担负着为西南地区及全国各地军工机械、冶金石化、交通运输、电器仪表行业主机配套的任务。

该厂由上海标准件三厂、上海标准件九厂、上海先锋螺丝厂、上海垫圈厂、上海挡圈厂、上海弹簧垫圈厂等6个厂内迁组建而成。内迁职工502人，设备135台，总投资为358.5万元。分工生产纲领为上述产品每年2.5亿件。该厂于1967年6月6日动工，1970年3月5日竣工投产。当年生产标准紧固件1.68亿件，完成产值170万元，上缴利税11.3万元。

重庆第二标准件厂建厂之后，注重狠抓产品质量、基础管理和技术改革工作，使其生产工艺不断完善，规模不断提高。截止于1988年，该厂拥有在册职工628人，其中工程技术及管理人员187人，固定资产原值829万元，主要生产设备187台。占地面积49744平方米，房屋建筑面积38094平方米，生产标准件2.4万亿件，实现销售收入999.63万元，利润104.66万元。

① 重庆第二标准件厂原址
② 重庆第二标准件厂原址

②

第一章　重庆市九龙坡区企事业单位

第15节 重庆标准件三厂

重庆标准件三厂原来名曰重庆文革标准件厂，是经1965年12月一机部西安迁建工作会议之后，由上海标准件二厂、上海标准件五厂内迁职工340人、设备94台，总投资132万元，分工生产内六角螺钉、销及异型标准件，生产纲领为年产2000万件。1967年建成投产。其厂址位于石桥铺。

①

① 重庆标准件三厂生
产基地大门
② 重庆标准件三厂旧
址
③ 重庆标准件三厂综
合楼
④ 重庆标准件三厂生
产车间

重庆文革标准件厂投产之后，其主管单位重庆标准件总厂之标准件生产能力接近 8 亿件，品种多达 180 个，成为国家在西南地区最重要的标准件制造基地。1971 年因体制调整，重庆标准件总厂解体，文革标准件厂得以独立经营。直到 1979 年，重新组建重庆标准件工业公司，文革标准件厂方才改名为"重庆第三标准件厂"。

从 1967 年建成投产，到 1985 年三线调整，重庆第三标准件厂累计生产标准件 3.4 亿件，累计产值为 3964 万元。

从 2022 年 2 月开始，重庆三线两会花了一个多月的时间，跑遍了重庆标准件系统的厂矿企业。一位 1980 年参加工作的该厂原三线二代上海人，满口重庆话地告诉我们：1985 年该厂拥有在册职工 451 人，固定资产原值为 376 万元，工业总产值 287 万元，实现利税为 145 万元。

① 重庆标准件三厂生产车间
② 重庆标准件三厂综合楼

第16节 重庆起重机总厂

重庆起重机总厂前身是 1926 年创建于湖北宜昌的鸿昌机器厂。内迁重庆后，主要生产手摇绞车、滑车等简易起重工具。1957 年，开始仿苏 A571 型电动单梁桥式起重机，后合营 8 家私营小厂，由江北石门迁往九龙坡中梁山，扩建为重庆起重机厂，产品品种也从 1 个发展到 8 个，三线建设前，工业总产值已达到了 1173 万元，实现利润 232 万元。

三线建设后，一机部决定将天津起重设备厂电动葫芦

重庆起重机总厂遗址

车间的部分人员和设备迁入该厂，新增0.5～5吨电动葫芦系列产品，并完善电动单梁桥式起重机的配套生产。直到1975年，该厂的电动双梁桥式起重机产品得以扩大产能，进而发展了电动双梁抓斗起重机、双动双梁电磁起重机等系列产品。

1987年，以重庆起重机厂为依托，联合重庆、成都等13家专业和配套厂，组成了重庆起重机总厂。

1988年，该厂拥有职工4000人，其中工程技术人员300人，占地面积30万平方米，固定资产原值3000万元，主要设备900多台，全年完成工业生产总值7000万元，生产各式起重设备3000余台，实现利润600万元。

① 只留下残垣断壁的重庆起重机总厂生产区遗址　　③ 重庆起重机总厂家属区遗址
② 重庆起重机总厂家属区遗址　　④ 重庆起重机总厂家属区遗址

第17节　重庆第二起重机厂

重庆第二起重机厂是国家机械电子工业部定点生产手动起重设备的专业厂，该厂始建于 1958 年，原为地方国营九龙坡区弹簧厂。建厂初期主要生产弹簧制品和加工金属配件。三线建设开始之后，先由国家统一安排试生产 X8126 万能工具铣床，1973 年又调整转向，生产减速机和手动起重设备。1978 年才正式更名为"重庆第二起重机厂"。

①

① 重庆第二起重机厂原址
② 重庆第二起重机厂原址
③ 重庆第二起重机厂原址

重庆第二起重机厂的主要产品有：JZQ350、JJZQ250 减速机、手动单梁起重机、手动双梁起重机、手动悬挂式起重机和手动单轨运行小车等系列产品。此外，该厂还积极发展横向联系，以重庆起重机总厂产品为龙头，进行专业化协作，配套生产电动双梁起重机操作空中吊钩和横梁。我大学毕业后到重庆制药机械厂实习，在金工车间、烧成车间、铆焊车间等 3 个单位，都使用过重庆第二起重机厂生产的手动起重机设备。

三线建设调整时期，该厂进行第二期技术改造，扩建厂房，增添和更新了设备，突出了以起重机械为主的生产经营方向，突出了以铆焊结构为特点的生产特色，先后开发了 JJM-0.5 型、JJK-1 型卷扬机，拱石卷扬机，SJ-1、SJ-5 手动绞车等产品。

1983 年该厂拥有职工 383 人，其中工程技术人员 117 人，固定资产原值 174.4 万元，占地面积 17017 平方米，全年完成工业生产总值 511.27 万元，实现利润 44.6 万元。

重庆第二起重机厂原址

第18节 重庆电机厂

重庆电机厂的前身系国民政府军事委员会无线电机制造厂，1927年春建于上海，是我国第一个官办电器工厂。1929年，改为国民政府建设委员会电机制造厂。抗日战争爆发后，1937年内迁，历经武汉、宜昌、湘潭、桂林等地，1938年3月在搬迁途中归并经济部资源委员会，更名为"中央电工器材厂第四厂"，1944年底迁到重庆化龙桥。抗日

重庆电机厂家属区

战争结束之后，1946年，改称"中央电工器材厂重庆制造厂"。

该解放后，划归重庆市企业局领导。1954年，奉命将蓄电池、干电池部分迁重庆苦竹坝，与其他厂合并，组成重庆蓄电池厂。同时重庆协兴电机厂并入其中。1958年7月，重庆制造厂灯泡部分迁往沙坪坝杨公桥，新建了重庆灯泡厂。重庆制造厂电机、变压器部分于次年迁建于中梁山玉清寺，更名为重庆电机厂。1962年，重庆电机厂改由四川省机械厅领导。

1966年7月，为了加强三线建设，经一机部、国家计委批准，由上海南洋电机厂内迁职工313人、设备63台，并入重庆电机厂进行改扩建。1975年又改由重庆市机械局领导。1980年，重庆电机厂先后组建了厂属电机、变电器研究所。1981年，与闽东、北京等6家

① 毛主席像是重庆电机厂的标志
② 重庆电机厂家属楼
③ 考察组在重庆电机厂考察

电机厂发起，在北京组建了中国电机出口联营公司。1985年，与重庆电机工业公司紧密联合，组建成新的重庆电机厂（公司）。

建厂初期，该厂以生产电机、变压器、电池为主。1943年在迁建中的桂林，该厂已有员工420人，年产电动机1934马力，发电机2100千伏安，干电池364万只，蓄电池914只。迁至重庆后，因时局动荡，生产萎缩，1949年只有员工278人，资本20余万元。重庆解放后，"一五"

时期国家投入142万元，使其生产得以迅速恢复。1958年迁中梁山扩建，又完成了662万元的国家投资，形成生产发动机5万千瓦、电动机15万千瓦、变压器20万千伏安的生产能力。

三线建设开始后，国家下大决心迁来上海南洋电机厂之人员和设备，国家又投入2138万元，进行技改，扩大产能，实际上因"文革"影响未能完全到位。但是，该厂的发电机、大中型电动机的生产能力达到了15万千瓦、

小电机 23 万千瓦、直流电机 2 万千瓦、电力变压器 23 万千伏安。随后，国家又有投入，加上企业自筹、贷款逾千万元，逐步将重庆电机厂建设成为国家定点生产中小型水轮发电机、柴油发电机、交流电机、直流电机和大中型电力变压器的全国机械工业重点企业。

1988 年，重庆电机厂拥有职工 4316 人，其中工程技术人员 390 人，固定资产原值 3710 万元，占地面积 36.4 万平方米，其中生产性建筑面积 5.9 万平方米；主要生产设备 670 台，其中高精设备 40 台，科研测试设备 163 台套，拥有能对湿热、盐雾、霉菌、低温、机械冲击、振动、冲水、浸海水、滴水、无线电干扰、噪声试验等特殊环境下的试验性及应用型电机的研发和生产能力。1988 年，该厂完成工业生产总产值 6160.7 万元，实现利润 520 万元。

考察组在重庆电机厂考察后留影

第19节　重庆弹簧厂

　　得益于抗日战争时期的战略纵深建设，重庆的工业基础是比较健全且有很强的配套和协作能力的，这一点中央非常清楚。所以对重庆而言，除国家动用大量的资金建设118个国家重点建设项目之外，还对与之配套的中小型企业，有专门的资金和配套政策出台，这便促使重庆成为全国最多的三线建设及配套企业诞生地，重庆弹簧厂就是这

重庆弹簧厂原址

重庆弹簧厂原址

样诞生出来的一家企业。

　　重庆弹簧厂的前身是 1976 年开始生产 195 型柴油机弹簧和 195 气门弹簧的重庆九龙坡区农机修造厂。为了更好地为建设机床厂、空压厂、嘉陵机器厂等军工、汽车和通用机械企业配套服务，除主导产品 195 型弹簧之外，重庆九龙坡区农机修造厂的弹簧产品、规格逐年增加，1983 年还获得了四川省经委优质产品的荣誉称号。

　　20 世纪 80 年代，重庆的摩托车产业，逐步成为重庆经济的支柱产业。为了适应市场发展的需要，重庆九龙坡区农机修造厂也开始以摩托车为主的各种小弹簧的生产。

　　从建厂开始至 1984 年，重庆九龙坡区农机修造厂累计生产了 3297 万只弹簧，并于 1984 年正式更名为"重庆弹簧厂"。1985 年，重庆弹簧厂生产弹簧 383 万件，产值 111 万元。重庆弹簧厂系《四川省志·机械工业志》《重庆市志·机械工业志》中均有记录的企业。

第20节　重庆第二轴承厂

　　轴承是在机械传动过程中起固定和减小载荷摩擦系数的部件。在机械设备中它是一种举足轻重的零部件，其精度、性能、寿命和可靠性对主机的精度、性能、寿命和可靠性起着决定性的作用。按运动元件摩擦性质的不同，轴承可分为滚动轴承和滑动轴承两类。

　　重庆第二轴承厂创建于1971年，是原国家机械委定

重庆第二轴承厂原址

①

②

点生产"0、1、6、8"四大类轴承专业的西南地区轴承工业的骨干企业。

1974年，重庆第二轴承厂正式投产后仅产几万套，经过技改扩能和强化企管，产量逐渐上升到200万套，规格型号逾百种。1975年，该厂生产的意大利载重汽车T20-20型分离式离合器上的"986814Q"型轴承，代替了原来靠进口的"604570"型号轴承。

该厂走的是内涵式扩大再生产的道路，1977年开发了高速气流纺纱用的"330003"轴承，1980年又生产了"解放牌"汽车所需"98611"轴承，"东风牌"汽车所需"3000210"轴承。1985年，又试制成功低噪声、双密封的"180"系列电机轴承和"SC110"微型汽车泵用轴承，并投入批量生产，远销欧美及东南亚国家，年创汇达200万元以上。

1988年，重庆第二轴承厂拥有在册职工800余人，工程技术人员34人，固定资产810多万元，主要生产设备300余台，占地面积 69259 平方米，其中建筑面积 63160 平方米，其产量已逾 150 万套／年。全年完成工业生产总值 463 万元，实现利润 64.9 万元。其"986814Q"和"M·180308KZ1"两个型号的轴承，分别获得四川省和重庆市新产品开发奖。

① 重庆第二轴承厂原址
② 重庆第二轴承厂原址
③ 重庆第二轴承厂原址

第21节　重庆印刷机械厂

　　重庆印刷机械厂原名"重庆印刷机械材料厂",隶属于重庆市第一轻工业局,主要生产对开和四开印刷机、圆盘机。三线建设开始后,该厂由重庆市第一轻工局划转重庆市机械局,并由国家机械工业部投资349万元,另选新址重新建厂。

　　1972年,该厂开发出了ZX201对开卧式照相机、

①

QFC 强光源立式分色放大机、SB202A 碘镓灯晒版机等新产品。

得益于国家三线建设的搬迁技革政策，重庆印刷机械厂开创了中国西部生产印刷照相制版的崭新历史，为国家印刷工业填补了一项又一项空白，在印刷机械发展史上做出了自己的贡献。

1988 年底，该厂拥有在册职工 611 人，其中工程技术人员 44 人，固定资产原值 568.16 万元，主要设备 141 台，占地面积 55154 平方米，其中建筑面积 19600 平方米，拥有印刷照相机、晒版机、磨板机、烘版机等几个印刷机械产成品系列，共计 39 个品种。

截止于 1988 年，累计完成工业生产总值 3398.44 万元，生产了印刷机械产品 28 个品种、共计 5136 台（套）的产品。

① 重庆印刷机械厂原址
② 重庆印刷机械厂原址
③ 重庆印刷机械厂原址

第22节 重庆调速器厂

重庆调速器厂之前身是重庆水轮机厂的调速器生产车间，于 1979 年独立正式成为重庆调速器厂，隶属于重庆市机械工业局。主要配套生产水轮发电机自动化控制设备，其产品有自动调速器、油压装置、漏油装置、自动化元件等。

该厂成立初始，借用的是重庆水轮机厂的生产场地 1440 平方米，设备 26 台套，凭借水轮机厂生产调速器的

① 重庆调速器厂遗址
② 重庆调速器厂遗址
③ 重庆调速器厂家属楼
④ 重庆调速器厂家属楼

①

②

优势，使其生产得到迅速发展。

为了企业的发展和为更多的大中型机组的配套，从1985年开始，重庆调速器厂努力向微机方向发展，研发了DXT-100电双调，DT-100电单调以及CYT-1800、CYT-3000中型调速器，WDT-100、WDS-100和WDST-3000等系列新产品。铜梁安居电站的大型微机调速器，WDT-100-40和大容量高压力大型油压装置就是该厂的代表作品。

1988年，重庆调速器厂自筹资金350万元，进行了异地搬迁和技术改造。同年，该厂拥有在册职工405人，固定资产原值85万元，主要生产设备45台，其中金切机床32台，全年生产调速器52台，油压装置40台，自动化元件75套，并获新厂面积25亩，建面4800平方米，新增设备7台，使其固定资产原值达到了450万元。时年该厂的工业生产总值为280.7万元，实现利润60万元。

① 重庆调速器厂遗址
② 重庆调速器厂遗址

第23节　重庆机床厂

重庆机床厂的前身是中国汽车制造公司华西分厂。

中国汽车制造公司于 1936 年成立于南京，属国民政府官僚资本企业，该公司总部设在上海。抗日战争爆发后，公司总部迁往香港，并在广西桂林等地设有分厂。1940 年，在重庆的道角建立新厂，定名为中国汽车制造公司华西分厂，时有职工 167 人、生产设备 30 台。1944 年，桂林分厂撤迁，部分人员和设备并入华西分厂，职工增至 500 余人。抗战胜利后，生产衰退，到 1949 年底，职工减至不足 400 人。

企业生产区全部予以环保整治，待开发施工中

①

②

重庆解放后，华西分厂由西南工业部接管，改名201厂。1952年，明亚机器厂、重庆粮食公司机械厂并入，同年12月，隶属于一机部直接领导，定名"公私合营重庆机床厂"。1958年下放，先后隶属于四川省机械厅、重庆市机械局领导。1963年更名为重庆机床厂。

1979年，成立了厂属"重庆齿轮机床研究所"。1982年，经一机部批准，该研究所升格，定为"重庆圆柱齿轮研究所"，成为机床行业二级专业产品研究所，承担全行业的标准制定和技术开发工作。

建厂初期，主要生产6呎车床、万能工具磨床和汽车活塞、油泵芯子等汽车配件。1944年开始生产"奔驰牌"柴油机引擎、455式柴油机等。抗战胜利后，由于汽车产品滞销，该厂转产梳棉机、粗纱机及罗

① 重庆机床厂遗址
② 重庆机床厂遗址
③ 重庆机床厂遗址
④ 重庆机床厂遗址

③④

拉、锭子等纺织配件。1953年，该厂首次试制成功我国第一台苏式532型滚齿机，接着相继试制成功了苏式514插齿机、5716型制齿机、Y7131型磨齿机和Y25A螺旋伞齿轮铣床等，一举成为我国研制齿轮机床的首家专业厂家。

三线建设开始之后，国家加大了对重庆机床厂的技术改造力度。1967年，该厂研制的YG3780型，为我国第一台高精度涡轮滚齿床，随后又相继开发了Y3150E型、Y3180E型、Y31125E型普通系列新型产品，并作为主导产品开始批量生产。从此完全走上了独立设计生产的新阶级。我有幸收藏到这一时期该厂新产品的若干套蓝图，以资纪念。

多年以来，重庆机床厂的产品在国内市场占有率一直保持在60%以上，其产品不仅遍布全国各地，还远销英、美、日等40多个国家和地区，是四川省机械系统产品出口最早最多的企业之一。到1987年，该厂已生产各型滚齿机14800余台，其中出口530余台，总产值达4.73亿元，出口创汇1个多亿，为国家经济建设和地方经济的发展，做出了积极贡献。

1987年，重庆机床厂拥有职工4988人，其中工程技术人员397人；占地面积34万平方米，生产建筑面积

9.37万平方米；固定资产原值7313万元，主要生产设备820台，其中精、大、稀设备141台。全年完成工业总产值3660万元，实现利润951万元，生产齿轮机床650台。自1983年贯彻ZSO-579机床国际标准和JB179-83齿轮新标准以来，该厂之产品质量曾获多次部优、国优荣誉称号，并成为国家机床质量监测中心。

重庆机床厂于2005年整合原重庆第二机床厂、重庆工具厂后，组建了重庆机床集团。2014年，重庆机床集团搬迁至重庆经济技术开发区（南坪茶园）。经过多年的转型升级发展，逐步形成了覆盖齿轮加工机床、智能制造、车床及加工中心、复杂刀具、精密螺杆、农业装备及农业服务、汽车零部件等多领域的集团企业。

① 重庆机床厂家属楼
② 重庆机床厂家属楼
③ 重庆机床厂家属楼
④ 重庆机床厂家属楼
⑤ 重庆机床厂家属楼
⑥ 重庆机床厂家属楼

第24节　重庆工具厂

重庆工具厂是一家因三线建设而新建的企业。

经国家批准，由上海工具厂内迁部分齿轮刀具生产的设备和人员，到重庆的道角，于1966年开始筹建。国家投资625万元，生产纲领为年产齿轮刀具8万件。1969年建成投产，定名为重庆工具厂，直属一机部领导。1971年以后，下放给四川省机械厅和重庆市机械局领导。

①

1969 年正式投产时，重庆工具厂的产量只有齿轮刀具 6 万件，1970 年生产 10.5 万件，1972 年达 20 万件，产品也从单一的刀具，逐渐形成了铣刀、插齿刀、剃齿刀、滚刀、拉刀等系列产品并形成了生产线。随后又获国家 1000 万元的投资，扩建了厂房 10000 平方米，完善了恒温车间 2500 平方米，引进了一批具有国际先进水平的电子仪器和设备，提高了产品的高精度并扩大了产能。

1987 年末，重庆工具厂拥有职工 1521 人，其中工程技术人员 146 人，管理人员 225 人；占地面积 9.26 万平方米，其中生产建筑面积 2.05 万平方米；拥有固定资产原值 2609 万元，主要设备 537 台，其中包括从日本引进的"PCD"滚刀检查仪和真空淬火炉，从联邦德国引进的"克林培尔"滚刀开口

② 重庆工具厂地址

① 重庆工具厂道路指示牌
② 重庆工具厂地址
③ 重庆工具厂家属楼

机、磨齿机等先进设备和仪器。全年完成工业总产值1852万元（其中出口创汇240万美元），实现利润268万元，刀具产量119万件。

① 重庆工具厂家属楼
② 重庆工具厂家属楼

第25节 重庆机床配件一厂

重庆机床配件一厂始建于 1978 年，开始主要承担重庆机床厂各类型滚齿机配套件的加工制造，行政上隶属于重庆机床工具工业公司领导，1980 年实行独立核算，自负盈亏。

根据各个时期市场的变化，结合自己企业的实际情况，重庆机床配件一厂先后开发了中文打字机、液压自动捆扎

重庆机床配件一厂遗址

机、壁式摇头排风扇、机用平口钳、机床调整垫铁摇臂钻床等产品。

随着重庆逐步成为中国的汽车之都和摩托车之都，重庆机床配件一厂与时俱进，下大功夫开发了汽车零部件和摩托车零部件的产业化加工配套，不仅满足了重庆市场、国内市场的需求，其产成品还出口到了美国、加拿大、澳大利亚等国家和地区，受到政府授予"重庆市新产品百花三等奖"的鼓励。

1988 年，该厂拥有职工 745 人，其中，工程技术人员 19 人，固定资产原值 220.5 万元，主要生产设备 152 台，其中金切机床 99 台；占地面积 14188 平方米，其中生产建筑面积 9234 平方米。全年完成工业生产总产值 325.35 万元，实现利润 27 万元。

① 重庆机床配件一厂遗址
② 重庆机床配件一厂遗址
③ 重庆机床配件一厂遗址
④ 重庆机床配件一厂遗址

第26节　重庆蓄电池总厂

重庆蓄电池总厂始建于1940年，其前身是国民政府军政部机械修造厂电信二厂，1943年更名为国民政府联勤总部电信总厂第三分厂。新中国成立后，工厂直属国家第二机械工业部、西南邮电管理局，并更名为西南电信第二厂，1953年更名为七五六厂。1954年，重庆电工器材厂干蓄电池车间、光华电池厂、重庆广播器材厂干电池车间并

入该厂，改名为"重庆电池厂"。三线建设后的 1966 年，更名为"重庆蓄电池厂"。1982 年成立重庆蓄电池总厂。其厂址位于九龙坡土桥苦竹坝。

建厂初期，主要从事军事通讯用甲、乙干电池生产，兼产少量启动用蓄电池。随后该厂正式停止干电池生产，改为生产铅蓄电池的专业生产厂家。蓄电池品种也从单一的启动用，逐渐发展为启动用、搬运军用、铁道用、固定用、坦克车用等多种规格、多种用途的产品结构，年产量达到了 65734 千安时。

在"五五"和"六五"期间，该厂先后完成了铅粉生产线、硬质橡胶壳生产线、工业用蓄电池生产线、启动用铅蓄电池生产线的技术改造，并引进了美国、日本、意大利的先进技术设备。

1988 年，重庆蓄电池总厂

① 重庆蓄电池总厂遗址
② 重庆蓄电池总厂地址
③ 重庆蓄电池总厂遗址

拥有在册职工 1997 人，其中工程技术人员 133 人，固定资产原值 3454 万元，主要设备 282 台，占地面积 17.29 万平方米，全年完成各型铅蓄电池 32387 千伏安时，工业生产总产值 5004 万元，实现利润 294.5 万元，税金 482 万元。

① 重庆蓄电池总厂遗址
② 重庆蓄电池总厂遗址

第27节　重庆山花汽车厂

1982 年，我在国营重庆制药机械厂当团委书记时，第一次组织集体旅行结婚，去大足，开的就是重庆山花汽车厂生产的"山花牌"旅行车。

重庆山花汽车厂始建于 1928 年，其前身系国民政府军政部交通机械修造厂，1939 年由南京迁来重庆綦江，1941 年，又从綦江与綦江齿轮厂分家，于 1946 年移厂址

重庆山花汽车厂遗址

①

②

于土桥王家坝。厂名曾数次更换，依次为：国民政府联勤总部第十四军用汽车修理厂、解放军西南军区后勤部406军用汽车修理厂，三线建设后的1965年正式定名为中国人民解放军三四〇三工厂，地方用厂名（即第二厂名）为"重庆山花汽车厂"。

解放前，该厂是重庆仅有的两家官办汽车修理厂之一。50年代初期，该厂开始改装汽车业务，1952年，为重庆市改装了本市第一批苏式公共汽车，计51辆。1958年又改装了西南地区第一批"巨龙牌"无轨电车，投运于当年新建的两路口到杨家坪公路。三线建设开始后，该厂主要服务于军需任务，先后试制成功了全国最早的涉水指挥车和水陆两用车，改装了四轮进藏专用拖车、部队用食品加工工程车等车型。

1978年，重庆山花汽车厂开始研发130型"山花牌"旅行车，在较短的时间内开发出了大、中、小型旅行车和供救护、监测、货运、司法、公安、电视采访、炊事食品等各类专用车20余个新产品。

1988年，该厂拥有在册职工1809人，其中工程技术人员128名，固定资产原值1445万元，主要设备518台，占地面积24万平方米，其中生产区面积15万平方米，全年完成改装车624台，散热器4659台，钢板弹簧87万片，实现工业生产总产值3476.22万元，利税488万元。

2001年3月，重庆山花汽车厂被重庆耐德工业股份有限公司兼并，成为其全资子公司，改名为"重庆耐德山花特种车有限责任公司"。后来整体搬迁到巴南区界石工业园，占地300余亩，建筑面积73000平方米，资产总额近5.3亿元，公司具备年产各类专用车辆和装备8000余台（套）的科研生产能力。

① 重庆山花汽车厂地址标志牌
② 重庆山花汽车厂住宅楼
③ 重庆山花汽车厂住宅楼

第28节　重庆工业泵厂

　　重庆工业泵厂位于原九龙坡花溪公社王家坝地区，始建于 20 世纪 50 年代末期。三线建设开始后的 1965 年，该厂得益于重庆水泵厂的扶持，接替重庆水泵厂的主要产品，进而生产多级泵，以便满足重庆水泵厂留下来的市场空缺。

　　清水离心泵是抽水排污的通用设备，广泛应用于各行各业。重庆工业泵厂认真贯彻国际标准，参与了行业联合

① 重庆工业泵厂大门
② 重庆工业泵厂办公楼
③ 重庆工业泵厂标志

设计，并生产了 IS 型系列单级单吸离心泵。这种泵结构简单，互换性强，节能效果好，在当时具有国内先进水平，非常适应市场经济的需要，一直处于供不应求的基本情况。

1979 年，重庆工业泵厂开始 E 型系列单级单吸悬臂式耐腐蚀离心泵 9 个品种的生产。这种泵是为输送或提升有腐蚀液体而生产的专用泵，在化工、医药、塑料、橡胶工业上应用比较广泛。

截止于 1992 年，重庆工业泵厂时有在册职工 421 人，固定资产原值 269 万元，金切机床 49 台，房屋建筑面积 9868 平方米，完成工业总产值 767 万元，实现利润 13 万元。

① 重庆工业泵厂标志
② 重庆工业泵厂生产区
③ 重庆工业泵厂办公楼
④ 重庆工业泵厂综合楼
⑤ 重庆工业泵厂生产区

第29节 重庆无缝钢管厂

重庆无缝钢管厂成立于1965年，是国家三线建设时期，为建设以重庆为中心的国家军工生产和机械制造产业链而设计建造的专用钢管专类加工企业。其厂址在土桥王家坝花溪村。

1970年5月18日，该厂由上海永鑫无缝钢管厂调入76毫米无缝钢管穿孔轧管机组，轧出第一根合格的无缝钢

①

① 重庆无缝钢管厂
  大门
② 重庆无缝钢管厂
  办公楼
③ 重庆无缝钢管厂
  生产区
④ 重庆无缝钢管厂
  生产区

管，并连续试轧成功。1978 年的年产量为 2128 吨。

1975 年，该厂对推钢设备进行了系统的改造，实现了自动推钢强迫"咬入"；1979 年，改造定蕊辊，增加了"升降翻钢"装置，改人工操作为机械化操作，从而提高了工效和轧制质量。1983 年，又将轧管机回送辊"铜滑"万向接受，改装为"十字"万向接受，从而减少了机械部件的磨损和故障，提高了设备利用率。

1981 年，重庆无缝钢管厂从宁波机床厂购入 DPG-30 冷轧机 2 台，分别于 1981 年 10 月和 1984 年 5 月投产。同年又新建了环形加热炉，直径为 7 米；用机械手进钢、出钢、配有 DDZ-1 型仪表自动化控制炉温，发挥了较好的节能效益。

截至 1985 年，重庆无缝钢管厂的冷拔无缝钢管产量已达 7696 吨，且合格率达到了 97.2%。

① 重庆无缝钢管厂生活区
② 重庆无缝钢管厂生活区

第30节　重庆矿山机器厂

重庆矿山机器厂的前身是重庆铁工厂，由重庆市建设局和地政局于1950年合并32家手工作坊兴办而成，厂址位于沙坪坝区的化龙桥。1953年又与建新厂、源泰翻砂厂和华新电器冶金公司合并，更名为"重庆机器铁工厂"。

1956年公私合营时，再与豫名钢锉厂、木器厂合并。1958年，迁至九龙坡区石坪桥扩建，隶属于重庆市机械局领导。

1965年，三线建设时，经原国家经委和一机部批准，上海东风机器厂部分人员和设备内迁并入该厂，再次进行

被开发了的重庆矿山机器厂原址

①

②

扩建。三线建设之前，该厂先是生产简单农具，后来开始生产 500 型钻探机、造纸机、5 吨缆车卷扬机。三线建设开始之后，国家投资 400 万元进行技改，形成了年产卷扬机 800 台和钢铸件 2540 吨的生产能力。1966 年开始定型生产机动卷扬机和建筑卷扬机。

该厂重视新产品开发，三线建设时代主要开发的新产品有：JJM-10 型慢动建筑卷扬机，1311-210 千克液压石油防喷器等好几十项。1985 年，从美国英格索兰公司引进了海上石油钻井平台用的风动绞车生产技术。

1988 年，重庆矿山机器厂拥有职工 2757 人，其中工程技术人员 202 人，占地面积 16.03 万平方米，其中生产建面 3.84 万平方米，固定资产原值 2636 万元，全年创生产产值 2531.55 万元，实现利润 231 万元。

① 重庆矿山机器厂地址
② 重庆矿山机器厂原址

第31节　重庆长江机床厂

三线建设时期及以前，国家的就业门路很窄，除了少许的复转军人、退休顶替之外，一个主要的渠道就是通过报考技工学校，毕业后就可以直接安排到国有企业工作了。重庆长江机床厂，原来是重庆机床厂所属技工学校的实习工厂。因为重庆机床厂规模很大，非常有名，所以它的技校及附属工厂也办得很大。后来这家实习工

重庆长江机床厂大门

① 重庆长江机床厂现址
② 重庆长江机床厂遗址
③ 重庆长江机床厂遗址
④ 重庆长江机床厂遗址
⑤ 重庆长江机床厂遗址

厂如同五一机床厂所属的五一技校一样，慢慢地独立出来了。

1953 年，重庆长江机床厂在道角建成投产，系生产摇臂钻床为主的专业机床厂。它主要生产 Z3025、Z3125A、Z3725、Z3040、Z3050 型摇臂钻床，RC618H、CY6136 普通车床及高效、自动化程度较高、可编程控制器 PC 车床。主导产品均实施国际标准，多次获得部、省、市优秀产品称号。

我们不要小看校办工厂，美国"硅谷"就是斯坦福大学的校办工厂，"北大方正"也是北京大学的校办工厂。重庆长江机床厂在国家三线建设时期也办得不错，还获得了那个时期非常难得的"出口产品许可证"。产品除能够畅销全国各地之外，还出口到了美国、加拿大、意大利、澳大利亚、墨西哥、智利、泰国等 10 多个国家和地区。

1988 年，该厂生产了钻床360 台，车床 95 台，工业总产值 415.67 万元。

第32节　重庆第二电器厂

重庆第二电器厂是机械电子工业部定点生产互感器、调压器、干式变压器的全民所有制企业。

该厂于1956年在化龙桥创建。1958年7月，转建重庆小型变压器厂。建厂初期，主要以电讯产品生产为主，主要生产扩大机、电讯变压器、交直流收音机。1959年转向生产5千伏安以下小型变压器，产品纳入一机部系统统

①

一管理。

三线建设开始之后的 1964 年，该厂承担了 DGS 船用变压器的生产任务。1970 年，除继续生产 5 千伏安以下变压器外，还开始进行援外变压器的制造，每年由一机部下达援外变压器的生产和出口设备配套任务的同时，还安排该厂生产接触式调压器产品。容量范围：单相调压器为 0.2～20 千伏安，三相调压器为 3～20 千伏安，成为当时西南地区第一家生产调压器的企业。1979 年该厂正式更名为"重庆第二电器厂"。

从 1979 年开始，该厂开始生产万伏级电流电压互感器。

1983 年，参与全国互感器统一的技术设计任务，承担了更新换代六型互感器的设计和试制任务，最后通过了部级鉴定。

1988 年底，该厂拥有职工 506 人，其中工程技术人员 40 人，固定资产 447.3 万元，占地面积 14351 平方米，生产房屋建面 11360 平方米，全年完成工业生产 650 万元，实现利润 60.6 万元。

① 重庆第二电器厂原址
② 重庆第二电器厂原址
③ 重庆第二电器厂原址

第33节　重庆长江钢厂

2022 年 3 月 24 日，重庆三线两会考察调研完五洲实业公司之后，在前往茄子溪的途中，抵达刘家坝时，突然发现了一座废弃的钢铁工厂，名曰"重钢三厂"，真的把我们吓了一大跳：我们所知道的老牌"重钢三厂"，原址在重庆嘉陵江大桥北桥头，早已变成房地产了，怎么这儿又冒出一座"重钢三厂"呢?

2022 年 4 月 16 日（星期六）下午，我给重钢原党委组织部的吴培贞大姐打了一个电话，又查了不少资料，才

①

① 重庆长江钢厂大门
② 重庆长江钢厂生产区遗址
③ 重庆长江钢厂生产区遗址
④ 重庆长江钢厂生产区遗址
⑤ 重庆长江钢厂生产区遗址

把这个问题搞清楚。这个所谓的"重钢三厂"遗址，原来是重庆金属加工厂，1956年6月，由3个铁工厂、2家冶炼社及1个生产自救组联合组建而成，也就是当时著名的"重庆长江钢厂"，主要生产有色金属制品。

重庆长江钢厂从1960年开始轧钢，1967年开始炼钢，但经济效益一直上不去。至2001年，该厂向大渡口人民法院申请破产时，其负债总额已达1.7亿元，资产负债率高达150.96%。重庆长江钢厂占地172553.1平方米，时有职工1813人，生产场地3万余平方米，且机修和动力车间仍在生产，于是重庆钢铁（集团）公司以5340万元拍卖成交，目的是计划再投资七八亿元，把原来注册在江北区的"重钢三厂"搬迁过来。但是该计划最终未能实现。

① 重庆长江钢厂生产区遗址
② 重庆长江钢厂生产区遗址

第34节 五洲实业公司

进入三线调整时期，中国船舶总公司重庆分公司有两个大手笔做得非常成功：一个是组建五洲实业公司，其所生产的"五洲牌"自行车和"五洲·阿里斯顿"电冷箱，在重庆乃至西南地区可以说是家喻户晓；另一个是"海装电风"，现今的年产值已逾100个亿了。

20世纪80年代中期，重庆有两家电冰箱厂，一家是

五洲实业公司厂区

隶属于重庆市二轻工业系统的重庆电冰箱总厂,生产"富渝·将军牌"电冰箱;另一家就是五洲实业公司电冰箱厂了。1985年,该公司投资300万美元,从意大利梅罗尼公司引进生产线,包括成套设备和技术软件,之后开始灿烂重庆并西南了。

五洲实业公司电冰箱厂是利用位于伏牛溪国营长征厂的富余生产场地改扩建而成的,其每年的设计产能是10万台电冰箱,产值2亿元。时有在册职工800余人,年利润上千万元。生产的电冰箱型号有BD-91、EC128、BC-163、BCD185、200、202、205、218、220及ECD-160、183、210等型号的冷藏冷冻箱。"五洲·阿里斯顿"电冷箱曾获重庆市、四川省、轻工部优质产品称号,中国轻工博览会金奖。

① 五洲实业公司黑板报
② 五洲实业公司生产车间
③ 五洲实业公司办公楼
④ 五洲实业公司生产车间
⑤ 五洲实业公司生产车间
⑥ 五洲实业公司生产厂区

⑤

⑥

第35节　重庆手动葫芦厂

　　手动葫芦又叫环链葫芦、神仙葫芦、链条葫芦、倒链、斤不落、手拉葫芦等，是一种使用简单、携带方便的手动起重机械。

　　重庆手动葫芦厂是机械电子工业部定点生产 HS 型手

拉葫芦的专业厂，也是西南地区唯一的手拉葫芦生产厂。该厂的前身是 1966 年中梁山街道组织的手拉葫芦培训班。1971 年 3 月，正式建厂时取名"九龙坡区手动葫芦厂"。1979 年更名为"重庆手动葫芦厂"。1982 年加入重庆矿山

① 重庆手动葫芦厂
   大门
② 重庆手动葫芦厂
   地址
③ 重庆手动葫芦厂
   生产车间
④ 重庆手动葫芦厂
   生产车间

机械工业公司，1988年10月直属重庆机械工业管理局领导。

建厂初期，仅能生产简单的SH3T手拉葫芦，1973年开始逐步扩大新产品，主要生产0.5～10T手拉葫芦。改革开放后，该厂大胆引进国外先进技术和设备，生产得以迅速发展。引进的联邦德国WAOS工厂链条生产线的主要设备，使生产能力提高了15倍，年产达5万台。主要产品形成系列，计有8个品种、8个规格。

重庆手动葫芦厂生产的"山城牌""双燕牌"手拉葫芦畅销全国，还出口美国、意大利及东南亚、中东和中国香港等国家和地区。

1988年，该厂拥有职工316人，其中工程技术人员和管理人员60人，占地面积1万平方米，其中生产建筑面积6415平方米，拥有固定资产原值466万元，生产设备107台。全年完成工业总产值1000万元，利润164万元，为国家创汇53.69万美元。

① 重庆手动葫芦厂综合楼
② 重庆手动葫芦厂生产车间

第36节 重庆工业搪瓷厂

我在重庆制药机械厂负责销售工作时，重庆生产工业搪瓷的设备制造厂有3家，除我们厂之外，还有就是重庆工业搪瓷厂和重庆化工机械厂了。我这个人好交际，经常到这两家企业去走一走，因为我们的产品供不应求，有时

应急，也帮这两家厂子走走货。

去年底，我看到一篇报道，说重庆工业搪瓷厂因为噪声污染，被政策性破了产。当时心头一紧：继我们药机厂和化机厂之后，剩下的一家国营工业搪瓷厂也"壮烈"了，

重庆工业搪瓷厂生产车间

① 重庆工业搪瓷厂办公楼
② 重庆工业搪瓷厂生产车间
③ 重庆工业搪瓷厂库房
④ 重庆工业搪瓷厂生产车间
⑤ 重庆工业搪瓷厂生产车间

作为重庆的支柱产业，重庆医药和化工到哪里去找化工搪玻璃反应罐呢？

2022年3月29日，重庆三线两会专门前往位于李家沱长岗山的重庆工业搪瓷厂考察调研，首先进到的两座车间，全部变成了四川美术大学的雕塑系试验工厂，一壁以重庆医科大学在武汉抗击新冠疫情为主题的《去春来》雕塑，虽然有些生动、壮观，但吸引我眼球的却是车间角落那几只正在拼接的搪玻璃搅拌。

重庆工业搪瓷厂原本是重庆搪瓷厂的一座生产工业搪瓷的车间，1958年，由副厂长苟文彬主持，经过多次试验，制成了适合四川炉温的07号底釉和41号罩釉，制造出第一批工业搪瓷反应罐，得到了行业内及上级领导的好评，然后国家投资30万元，进行扩繁，组建了重庆工业搪瓷厂。

1959年，其工业搪瓷产量达到180吨。1962年贯彻调整方针时停产。三线建设时期，重庆化工医药大扩能之后，又

④

⑤

于 1969 年迁到綦江县篆塘角，建立重庆第二搪瓷厂，1970 年投产，当年产量达到了 161.5 吨。1973 年，发现厂址处于滑坡地带，经重庆市经委批准，投资 50 万元搬迁到了现址，直到 1978 年才全部完成迁厂任务。

从烧成车间、配件车间走出来之后，我们又来到了唯一设备没有被"雕塑化"的铆焊车间，碰到几个留守该厂还在小打小闹的工人师傅。自报家门后，我们谈得非常投机。"你们药机厂用的电炉，产品质量当然更有保障些，加上你这个销售科长舍得跑，对你的大名我们早就如雷贯耳了……"说起那个激情燃烧的岁月，我们还有些舍不得离开似的。

① 重庆工业搪瓷厂生产区
② 重庆工业搪瓷厂生产车间

第37节　重庆无线电四厂

三线建设时期，重庆是国家四机部布点的 3 个国家电子工业及电子产品重要的生产基地之一。在考察调研南岸区重庆无线电五厂时，一位老领导就告诉过我们：南泉堤坝有一家无线电四厂，1971 年开始研制生产 3DD 系列硅低频大功率管，3DA 系列硅高频反压大功率管，3DC 系列高频高反压小功率管、3DK 系列电源开关管四大系列、

重庆无线电四厂遗址

① ② ③

50 多个品种，是国家重要的电子元件企业。

　　南泉堤坝在我们印象中，是很"高大上"的地方，因为它的抗战文化历史底蕴非常丰富，那儿的小泉宾馆也是重庆市委重要的会议中心，我去那边开过几次会，庭院深深，树木参天。2022 年五四青年节这天，我们约一位美眉，休闲式地去到了重庆无线电四厂遗址，还拾到了它公私合营时的两匹标刻有厂铭的瓦片。

　　三线调整时期的 1985 年，重庆无线电四厂引进了关键设备进行技术改造，建成了完整的后工序生产硅 NPN 和 PNP 型的 TO-220 型塑封大功率晶体管和 TV-92 型硅中小功率塑封晶体管两大类 15 个品种，年生产能力 1500 万只。

　　据相关资料考证：1985 年，该厂拥有员工 451 人，固定资产为 809.2 万元，设备 212 台套，占地 32.826 平方米，年工业产值 820.3 万元，利税为 71.6 万元。

① 重庆无线电四厂遗址
② 重庆无线电四厂遗址
③ 重庆无线电四厂遗址
④ 重庆无线电四厂遗址
⑤ 重庆无线电四厂遗址

第38节　重庆东方红无线电厂

　　20世纪60年代，半导体器件生产得到迅速发展，促进了晶体管收音机生产的大发展。1967年、1968年和1970年，重庆市三次制定包括重庆东方红无线电厂计划生产的收音机在内的电子工业发展规划，且组织了几次大会战，重庆市政府对生产收音机的整机厂还制定了市内配套产品免征环节税等优惠政策。

1969年，重庆东方红无线电厂开始生产半导体收音机，先后生产"东方红""风雷""夜莺"牌台式、便携式、袖珍式半导体、集成电路收音机等30多种型号，1970—1979年其生产收音机26.58万部，最高年产量达5.4万部之多。

半导体收音机是个什么玩意儿，现在的年轻人知道的不多，它逐渐走进博物馆了。我们那个时候还小，身边能玩得起半导体收音机的不多，但我们经常需要通过它来了解国内外大事的。

1985年，该厂拥有357名职工，固定资产原值104.6万元，建筑面积6239平方米，工业总产值为169.3万，利税为−3.8万元。

① 重庆东方红无线电厂原址
② 重庆东方红无线电厂地址
③ 重庆东方红无线电标志

第39节　重庆无线电九厂

重庆无线电九厂，原名重庆嘉陵无线电厂，它是国家在三线建设时期为军工和民用配套定点生产广电设备的工业企业，即音响设备、汽车电器、摩托车电器、电脑及电子产品的专类电子元件生产企业。根据国家相关要求，

1967 年、1968 年和 1970 年，重庆市三次制定包括收音机在内的电子工业发展规划，并组织了几次会战。重庆无线电九厂就是在这样的氛围中发展起来的民用三线企业。

1961 年，重庆白铁制品厂建厂，这是重庆无线电九厂

可以追溯到的最早的前身。

　　白铁制品厂是由几个更小的工厂组建而成的街道工业，厂址在石坪桥正街。建厂之初主要是给国营建设机床厂和国营望江机器厂做配件，另外给重庆染料厂做配套加工。由于加工产品涉及军工，1965 年，白铁制品厂的性质由街道转为国有，随后更名为重庆嘉陵无线电厂，归属于重庆二轻局下属的金属制品公司。

　　在统购统销的计划经济年代，这家在石坪桥的工厂默默无闻，直到 1970 年，工厂遇到了建厂以来的第一个重大转折：在社会上积压已久的大中专学生，以及转业军人被陆续分配到各个国企。

　　那个时候，"红灯牌"电唱机是国内最时髦的电器之一，用唱机听着红红绿绿的唱片成了部分家庭梦寐以求的生活享受。抓住这一契机，除了自己生产变压器外，重庆嘉陵无线电厂开始在

① 重庆无线电九厂原址
② 重庆无线电九厂原址

②

①

外地采购唱机配件，仿造"红灯牌"电唱机，1971 年，该厂生产出了自己的"嘉陵江牌"电唱机。

当然，在重庆嘉陵无线电厂开始仿造电唱机的时候，另一家无线电厂也开始生产电唱机。这种现象在当时重庆整个无线电行业都很普遍，因为没有核心技术，一窝蜂靠组装进入市场，最终结果是产品缺乏生命力。

与此同时，重庆整个无线电行业正在发生着深刻的行业性变革，全行业被重新整合，工厂按序号一字排开。重庆嘉陵无线电厂正式归属电子工业局管，更名为"重庆无线电九厂"。

"嘉陵江牌"电唱机的风光并不长。从 1981 年到 1983 年，重庆无线电九厂连续三年亏损，一年比一年亏损严重。

1984 年，重庆无线电九厂开始了艰难改革：一是与上级公司承包，厂里实行层层承包；二是抓产品，着重抓好汽车收放机、电力启动器、电视电线、扩大机、收录机等；三是抓技术引进，用 6 万多美元引进一条汽车音响设备生产线，后来又改造成电子整机生产线，生产出了泰尔森 838 型组合收录机。

1984 年底，重庆无线电九厂就实现了 15 万元的赢利，1985 年，产值更是突破千万元，利润达到史无前例的 200 万元。

1985 年，该厂拥有员工 555 人，固定资产原值 310.4 万元，建筑面积 8283 平方米，全年完成工业总产值 1133.6 万元。

就如同辉煌的突然到来让重庆无线电九厂没有预料一样，工厂效益也在悄然无息中变得越来越不好。收录机也是一阵风，沿海的民营产品通过价格、款式迅速挤占了市场。收录机之后，工厂又进口零部件组装雅马哈电子琴，但仍不能走出产品"短周期"的怪圈。

这个时候，以"嘉陵""建设"为代表的重庆摩托车板块，以"长安"为代表的汽车板块迅速崛起。在这些朝阳产业刚起步时，重庆无线电九厂获得了嘉陵摩托车点火器、长安汽车车载收音机的订单。

"当时这些大厂对我们应该说是非常支持的，都是先给一半的货款，但当时还是厂里的机制太死板，比如职工有了技术创新，我们连奖励职工的钱都发不出来，要么是

民营企业来挖人，要么是职工自己出去创业。"当事人不无感慨地回忆说，国营企业机制上的毛病让重庆无线电九厂失去了最后的机会。

1991年，重庆无线电九厂处于半停工状态，虽然当时重庆的摩托车产业已经如火如荼地发展起来，但是因为人才流失严重，且竞争加大，重庆无线电九厂在这波机遇中还没有开始就已经被淘汰出局。

2004年，存在了43年的重庆无线电九厂最终走向了破产清算这条道路。

① 重庆无线电九厂原址
② 重庆无线电九厂原址
③ 重庆无线电九厂原址

第40节　重庆开关厂

①

　　重庆开关厂的前身是原地方国营重庆开关厂的一个开关板生产车间，它始建于 1958 年 11 月。三线建设开始后的 1965 年，以地方国营重庆开关厂为主体，组建了重庆电器总厂。同年，开关板车间由总厂所在地化龙桥划出，迁至九龙坡区石坪桥，并更名为"重庆电器总厂开关板分厂"。1971 年 1 月，经批准，该分厂独立，定名为"重庆开关板厂"，1975 年 1 月，更名为"重庆开关厂"，隶属于重庆市机械局。

　　得益于三线建设配套之所需，70 年代中期，该厂得到 90 万元的技改投资，并于 1976 年建成厂房面积 2000 平方米，增添大型设备 13 台。再后来的技改扩能力度进一步加大，至 1987 年，该厂的固定资产原值已由独立时的 82 万元，增加到了 699 万元，并且建成了西南地区第一条少油断路封固式流水装配线。次年，该厂的 SN10-10II 型少油断路器获重庆市优质产品称号。

　　1988 年，该厂拥有职工 757 人，其中工程技术人员 94 人，占地面积 4.2 万平方米，其中建筑面积 1.9 万平方米；拥有金属切削机床 50 台，锻压设备 20 台，固定资产原值 709 万元；全年完成工业总产

值 1331 万元，实现利税 180.5
万元。是时，该厂生产的 110
千伏以下的成套输配电及控制
设备已得以定型和量产，具备
生产 10.35 和 110 千伏三个等
级的开关和各种屏、台、箱综
合生产能力，达到 80 年代国际
水平。

① 重庆开关厂原址
② 重庆开关厂原址
③ 重庆开关厂原址

第41节 重庆山城电表厂

　　重庆山城电表厂是国营空气压缩机厂于 1978 年创建的大集体企业。在主厂的指导和支持下，当年即试制生产出口 DD5 型单相电度表，并于次年研发成功 WTG6×80 静压油箱、静压磨头。随后又有 801 型弹力油印机、湿式肺功能测量仪、DD28 型单相电度表相继问世，并通过国家相关产品颁发的生产许可证。

　　作为一家厂办大集体企业，依靠主厂的技术支撑，重庆山城电表厂开发出 DD28、DD8629、DF8 三条电度表生

①

① 重庆山城电表厂遗址
② 重庆山城电表厂遗址
③ 重庆山城电表厂遗址
④ 重庆山城电表厂遗址

产流水线、汽车钢板弹簧、冷风加热器、储能弹簧制动器、汽车座椅等汽车零配件生产线和创建各种汽车维修中心。除主产品之外，还组织生产YW750担架、中小型机械制造、设备安装、防锈装饰电镀和铁皮件制作等多种生产经营，实属难能可贵。

1988年底，重庆山城电表厂拥有职工1411人，其中工程技术人员141人，主要生产设备249台，金属切削机床162台，占地面积1.08万平方米，其中生产建筑面积0.99万平方米。全年完成工业生产总产值1011万元，实现利润38万元。该厂与苏联拉达公司驻华技术人员合作创建了包括"伏尔加""拉达"在内的东欧轿车维修中心，受到市场积极评价。

① 重庆山城电表厂遗址
② 重庆山城电表厂遗址

第42节　重庆建峰摩托车配件总厂

重庆建峰摩托车配件总厂为国营建设机床厂厂办机械加工集体企业，创办于1978年10月，位于九龙坡谢家湾。1984年正式更名为重庆建峰摩托车配件总厂。该厂建设初期，仅有厂房536平方米，108台废旧机床，职工2100人；主要业务是承担主厂货物的装卸及工厂的房屋基本维修业务工作。1979年仅完成总产值1.73万元，职工年均

重庆建峰摩托车配件总厂大门

收入为 425.3 元。

　　1983 年，随着主厂"建设牌"JT50 型、"雅马哈"CY80 型摩托车的崛起，建峰厂逐渐形成并发挥了为主厂生产零部件的产业化集群优势。经过几年的扩建，更新与技改，至 1988 年，企业占地面积达 4363 平方米，各种机器设备 1000 余台（套），能生产 50 型摩配 534 个，80 型摩配 232 个，其工业总产值为 1985 年的 1697 倍。

　　截至 1988 年，重庆建峰摩托车配件总厂下属 9 个分厂、3 家公司、1 个装饰行。工厂形成了具有年产 50 型、80 型摩配 12 万件和 8 万件的生产能力，且还可以年产磁电机数万台、喇叭 10 余万只的生产能力。形成固定资产 1700 万元、职工 6000 余人的一支企业和社会不可忽视的经济力量。

① 重庆建峰摩托车配件总厂遗址
② 重庆建峰摩托车配件总厂遗址
③ 重庆建峰摩托车配件总厂遗址
④ 重庆建峰摩托车配件总厂遗址

第43节　重庆油漆厂

重庆油漆厂坐落在重庆市西部的石坪桥,时有杨石(杨家坪至石桥铺)公路贯穿,交通十分方便。

该厂占地面积为9.8万平方米,建筑面积5.26万平方米,1983年时有职工1298人(含大集体职工315人),隶属于重庆市化学工业总公司。主要生产油漆、红丹和氧化锌,年产涂料(油漆)2万吨以上,其产量居全国第四位,

①

① 石坪桥的重庆油漆
　厂历经沧桑
② 石坪桥的重庆油漆
　厂历经沧桑
③ 石坪桥的重庆油漆
　厂历经沧桑
④ 石坪桥的重庆油漆
　厂历经沧桑

①

②

另外红丹防锈颜料年产 800 吨，氧化锌颜料年产 800 吨以上。

重庆油漆厂始建于 1931 年，主要生产厚漆、脂胶磁漆、凡力水等普通油漆。1954 年，重庆竟成化学厂、建华油漆厂、美华油漆厂等 3 厂合并，组建公私合营重庆油漆股份有限公司，后来定名为重庆油漆厂。该厂的涂料系列产品主要有醇酸树脂、氨醛树脂、硝基纤维、过氯乙烯树脂、环氧树脂等 17 个大类，1000 多个品种。

三线建设开始后，化工部决定将天津化工研究院、上海开林油化厂、上海振华油化厂、上海永光化工厂之一部分内迁重庆油漆厂。除迁来醇酸磁化、氨基树脂、醇酸树脂之外，还明确了一项特殊的保密特种涂料产品的研发和扩能。

至 1983 年，重庆油漆厂的工业总产值达到了 8659 万元，利润总额达 1174 万元，时有固定资产原值 1189.8 万元，净值 689.9 万元，在全国涂料生产行业中跃居前列。

1992 年，重庆油漆厂改制

为股份制企业——重庆三峡油漆股份有限公司。1994 年 4 月，公司股票在深圳交易所挂牌上市（股票代码 000565）。

根据重庆市政府《关于加快实施主城区环境污染安全隐患重点企业搬迁工作的意见》（渝府发〔2004〕59 号）精神，重庆三峡油漆股份有限公司被纳入搬迁企业范畴。2007 年，搬迁至江津区德感工业园。其公司总部占地面积 375 亩，建筑面积 5.5 万平方米。主导产品为"三峡牌"油漆，常年生产和销售"三峡牌"防腐漆、工程漆、汽车漆、建筑漆、家具漆五大系列产品，1500 余个花色品种。到 2011 年底，实现"三峡牌"油漆销售收入近 5 亿元，利润总额 5872 万元。

① 石坪桥的重庆油漆厂历经沧桑
② 石坪桥的重庆油漆厂历经沧桑
③ 迁址江津的三峡油漆
④ 迁址江津的三峡油漆

第一章　重庆市九龙坡区企事业单位

第44节　重庆轮胎厂

1958年6月，国家计委批准建设重庆轮胎厂；7月29日，在九龙坡中梁山开工建设；9月26日，生产第一条4.50—12汽车外胎，全年生产外胎439条。

1959年，该厂利用化工部分配和已加工好的部分专业设备，以及停建下马的维持工作费用50万元，建成一座面积为3475平方米的简易中试车间（工场），试制出一

①

条 9.00-20 汽车外胎，并开始
轮胎翻新业务。全年生产轮胎
8000 余条，另加工手推车轮胎
1.4 万余条。

1960 年，重庆轮胎厂千
方百计增添了密炼机、三辊压
延机。至此，该厂基本建成了
年产 6 万套轮胎的车间和年产
30 万套人力车车胎的车间。使
用氯丁橡胶试制出 6.00-16、
7.50-20、9.00-20 轮胎垫带；
9 月，又试制成功 7.50-20、
9.00-20 汽车内胎。从此，重
庆市才完成了轮胎外胎、内胎、
垫带三大件的配套生产。同年，
重庆轮胎厂实际生产汽车轮胎
2.5 万条，手推车胎 13.5 万条。

因国家三线建设的需要，
1965 年 4 月，化工部基建总局
批准该厂《特种橡胶设计方案》，
其建设规模为：特种轮胎年生
产能力 5 万套。项目于同年 7
月开始施工建设，到 1966 年二
季度，先后投产的主要设备有：

① 重庆轮胎厂大门
② 重庆轮胎厂地址门牌
③ 重庆轮胎厂厂区环境

①

②

立式硫化罐，胎面压出热贴合，26吋炼胶机自动下片、多片式贴合机，9.00-20模压热带，压出自动供胶运输带等。

1969年一季度，密炼大楼1号密炼机试产运行；二季度开始安装2号、3号密炼机组。通过这次技术改造，重庆轮胎厂的轮胎年生产能力达到了12万套。

因受"文化大革命"影响，1969年轮胎产量由1966年的5万套降到3万套。粉碎"四人帮"之后，1977年轮胎产量达到11.6万套，首次突破10万套大关。

1977年12月2日，石油化工部批复重庆轮胎厂的革新、改造、挖潜方案，同意年生产能力由12万套扩到35万套，其中特胎5万套，拖胎10万套，总投资达800万元之巨。压延工序于1980年初购进1台XY-4S-1800四辊压延机，单机年产能力可达100万套；压出工序于1979年新上1条压出生产线，年生产能力可达60～70万套；硫化工序到

① 重庆轮胎厂生产区
② 重庆轮胎厂生产区
③ 重庆轮胎厂生产区
④ 重庆轮胎厂综合楼
⑤ 重庆轮胎厂综合楼

①

②

1984 年 6 月正式投产，年生产能力可达 17 万条。

1979 年，该厂年产轮胎 27.6 万条，完成工业生产总值 7692 万元，实现利润 1518 万元。

"六五"时期，该厂的轮胎主要设备已具国内先进水平，并从国外引进了部分关键设备，如从日本、英国引进了 F270 密炼机。在品种发展方面，先后为四川汽车制造厂、重庆汽车制造厂、重庆农用汽车厂、长安机器厂等生产厂家提供配套轮胎。该厂所产轮胎品种包括越野汽车轮胎、载重汽车轮胎、轻型载重汽车轮胎、轿车轮胎、农用轮胎、工业车辆轮胎、工程机械轮胎、特种轮胎等。

① 重庆轮胎厂家属区
② 重庆轮胎厂家属区

第45节　重庆化工厂

　　1958—1960 年，重庆市委决定集中精力，加快重庆化工厂的建设。在四川省委的支持下，抽调泸州化工厂和江陵机器厂 30 余名干部，组成领导班子，进行筹建工作。

同时将市中区重光白铁生产合作社、化工部在渝的化工安装队，划给重庆化工厂领导。工厂于 1958 年 8 月在九龙坡区土桥乡走马村的羊莲花山破土动工。

①

②

重庆化工厂原为重庆合成氨厂和重庆合成纤维厂两个单位先行组成的筹备单位。工厂的设计纲要为：接触法生产硫酸，年生产能力4000吨。硫酸项目于1959年5月建成投产，后因原料供应困难，即利用泸州化工厂硫酸图纸资料，对原硫酸生产工艺进行改造，于1959年11月形成了年产6000吨的生产能力。同时，纯碱车间和卡普纶车间，也相继投入间断性生产和试制工作。

三线建设时期，该厂在稳定硫酸生产的基础上，先后试制投产了62%蓄电池硫酸、电解金属锰和重碳酸氢钠、亚硫酸氢铵等若干个产品。1972年，重庆市决定把该厂原年产3000吨多一点的规模扩大至30000吨的规模，同时建设年产3000吨合成氨项目。1975年，化工部二局又决定为该厂追加一个600吨／年硫酸二甲脂生产项目。

重庆化工厂的发展生产有一个显著特点：在不断改造老产品的同时，积极进取，不断努力开发新产品。其主要产品工业硫酸由建厂初期的年产3000吨，到传统法年产4万吨硫黄和年产5万吨硫铁矿制硫酸两条生产线，使硫酸生产摘掉了政策性亏损的帽子，每年为国家节约生产补贴400多万元，新增利税350万元。

该厂的产品主要供应重庆和川东地区300多家企业用户，是川东地区最重要的硫酸生产基地。硫酸二甲酯经过三次技术改造并采用新技术，年产能力由600吨发展到6000吨，不仅提高了产量和质量，还有效地降低了平均生产成本。电解二氧化锰于1972年投产，系外贸出口产品，经两次改造，生产能力达到了2500吨，获化工部出口产品荣誉证书，远销东南亚地区。

由于该厂不断加强企业管理，多次受到上级的表彰，先

① 重庆化工厂大门遗址
② 重庆化工厂办公楼遗址
③ 重庆化工厂办公楼遗址
④ 重庆化工厂办公楼遗址

后被评为重庆市全面整顿企业合格单位，重庆市化工系统无泄漏工厂和清洁文明工厂，并通过了省级先进集体的评定。

1983年，重庆化工厂拥有职工1075人，固定资产原值1352.38万元，净值1009.35万元，实现工业生产总值11207万元，政策性亏损365.1万元。

① 重庆化工厂遗址
② 重庆化工厂医院遗址

第46节 重庆东方红化工厂

重庆东方红化工厂位于李家沱陈家湾，是1976年由国家轻工部投资兴建的一家比较特殊的化学工厂。该厂主要为军工生产配套，主产甲基丙烯酸甲酯，化学名 PMMA，代号"372"塑料。这种产品无色透明，透光性达90%，且可自己着色，具有强韧和坚硬性。高光泽，易清洁，耐候性显著，机械加工性强，耐药性优良，在军工

重庆东方红化工厂大门

生产上应用广泛。

重庆东方红化工厂在1976年内建成年产400吨的"372塑料"装置，经两年试产，于1978年交付生产。1980年产单体369吨。再经技术改造，1981年新增有机玻璃型材装置生产能力，年产100吨。1985年，其生产能力达到了年产900吨，其中有机玻璃板材产量达到了215吨，产品非常畅销。

重庆东方红化工厂共设置了6个生产车间，辅助车间2个，厂科研所1座。除主要生产"372"塑料、有机玻璃板材之外，还生产比较敏感的氰化钠、硫酸铵，以及民用产品齿科材料、三元自凝牙托粉、白凝牙托水、皮革填充剂和从事注塑制品加工等。

① 重庆东方红化工厂办公楼
② 重庆东方红化工厂"门面"

第47节　重庆建筑木材加工厂

重庆建筑木材加工厂的前身是1950年9月重庆市建设局与建华机器锯木厂公私合营的木材加工厂，主要为市属施工企业提供木门窗、锯材及楼板制品。

1951年4月，从市中区菜园坝兜子背，迁到邻近九龙坡火车站的滩脑壳，成为地方国营重庆机器造木厂。1952年6月，先后并入利群木器厂、民伟机器锯木厂和

建筑木材加工厂原址

① 建筑木材加工厂原址
② 建筑木材加工厂地址
③ 建筑木材加工厂原址
④ 已被房地产开发了的建筑木材加工厂
⑤ 已被房地产开发了的建筑木材加工厂

菜园坝的一家私营锯木厂。全厂占地64.5亩，生产性建筑面积5357平方米。

三线建设开始之后的1966年，该厂更名为"基建工程兵21支队后勤部木材加工厂"，1978年，移交给四川省第八建筑公司，并在厂区附设建设机具分厂，生产预应力张拉机、强制式砼搅拌机、插入式砼振动泵以及各种规格砼试压模，各种卡具锚具等产品，还有预制砼构件分厂前身的预制构件车间。

1964—1986年，该厂累计完成锯材33.8万立方米，完成门窗171.7万平方米，时有在册职工700余人。1985年，在城乡建设部组织的全国性门窗质量检查评比中，该厂荣获"部级优良产品"称号。

2022年3月23日，重庆三线两会去到九龙坡区黄家码头工农村考察调研，一位70多岁的李姓老职工告诉我们："1951年，该厂原系西南军区后勤部营俱厂与原西南嘉陵木器公司华西锯木厂组建的西南木材加工厂，那个时候我们厂神气得很。"

第48节　重庆石棉制品厂

　　石棉水泥瓦现在不多见了，可20世纪它真的是重庆建材市场上，不开"后门""走关系"拿不到的东西。石棉水泥瓦，顾名思义它的主要原材料是石棉和水泥，成本不高，售价也不贵，虽然使用的时间不长，但却非常方便。

　　石棉不是植物，而是矿物，是天然的纤维状的硅酸盐类矿物质的总称。它具有高抗张强度、高挠性、耐化学和热侵蚀、电绝缘等特性。

　　重庆石棉制品厂坐落于九龙坡区茄子溪，现在早已"熄

了火"，作为工业文创园区开发了。

1939 年，山东济南陆大机器厂迁来重庆黄沙溪榨房沟，成立重庆大川实业股份有限公司。公司下设三家厂，石棉制造厂即是其中之一。

石棉制造厂于 1940 年 3 月动工兴建，8 月份就投入生产。当时工厂设备十分简陋，主要生产有石棉绳、线、布、粉等产品。1944 年，400 吨立式压力机建成，即开始生产石棉水泥瓦、石棉板、石棉水泥板及高压石棉盘根等产品了。

解放后，该厂由西南建筑工程管理局接收，1953 年 6 月，改称"西南工程管理局石棉制品厂"。次年，因地属关系变更，更名为地方国营重庆石棉制品厂。

1958 年，该厂被迁到九龙坡茄子溪，与砖瓦厂合并，成立重庆石棉制品厂。但生产发展起色不大，到了三线建设后期，阳光雨露才照耀了这家企业。1970 年

① 重庆石棉制品厂遗址
② 重庆石棉制品厂地址
③ 重庆石棉制品厂遗址

②

③

至 1975 年，得益于三线建设发展的需要，国家投资技改，新建了石棉梳纺和石棉橡胶制品生产线各一条，新增专用生产设备 43 台，一举使该厂成为西南地区唯一一家综合性生产石棉制品的中型企业，厂容厂貌焕然一新，企业经济效益也有了一个明显的提升。

从 1976 年开始试验湿法纺纱以来，重庆石棉制品厂先后试制生产了不锈钢丝石棉盘根、石棉绝缘带、隔膜带、石棉纸、石棉松绳、聚四氟乙烯石棉盘根、664 石棉铜丝线、石棉橡胶刹车带、刹车片等石棉制品。产品填补了西南地区之空白。

1988 年，重庆石棉制品厂拥有职工 1134 人，其中工程技术人员 40 人，拥有各种机电设备 599 台，总装机容量 3066 千瓦；生产石棉水泥制品、石棉纺织制品、石棉橡胶制品、石棉制动制品和石棉保温制品 5 大类，90 余个品种、6000 余个规格的产品，年产值 1700 万元，创造利润 300 余万元。

① 重庆石棉制品厂遗址
② 重庆石棉制品厂遗址
③ 重庆石棉制品厂遗址
④ 重庆石棉制品厂遗址
⑤ 重庆石棉制品厂遗址

第49节 重庆木材综合工厂

①

三线建设前，因为"大跃进""大炼钢铁"等原因，留下来的可供工农业及日常生活所用的木材已经不多了。那个时候，铝材、塑料等替代品都没有起来，修建工厂和职工宿舍什么的，所需木材都是靠国营或集体的木材加工厂按国家计划提供，相对来讲，当时这样的工厂经济效益还是多不错的。

重庆木材综合工厂创建于1953年，当年隶属于西南伐木总公司，是由它的一个储木场逐渐发展起来的，不久厂、场合并，组建了西南森林工业管理局重庆茄子溪制材厂，到三线建设前的1963年，才定名为重庆木材综合工厂。工厂一直以锯材加工为主，单机单线生产纤维板，产品品种单一，经济效益自然受到较大的影响。

三线建设和三线调整时期，重庆木材综合工厂先后实施并完成了8项重大和较大技术改造项目，建成了建筑和装饰板材生产、纤维板生产、创切单板生产线，3万立方米刨花板生产线，年产5万件版式家具生产线各1条；同时完成了两条制材工艺生产线技术改造，大大提高了工厂的生产能力，进一步扩大生产质量和加工品种。

从1978年开始，该厂生产的"山城牌"硬质纤维板，连续5年都被评为西南地区第一名；1980年起，连续3

大渡口区文物保护单位

重庆木材综合厂办公楼

重庆市大渡口区人民政府
二〇二〇年二月二十八日 公布
重庆市大渡口区人民政府
二〇二〇年五月三十日 立

重庆市优秀历史建筑
Heritage Architecture Chongqing

编号：2016GGFW019

重庆木材综合厂办公室
Office Building of Wood Processing Factory of Chongqing

建于20世纪50年代，西南大区风貌建筑。该建筑为砖混结构，中轴对称，横向三段式布局，是建国早期西南地区最大的木材加工企业办公楼。

重庆市人民政府
二〇一七年四月

① 重庆木材综合工厂办公楼
② 重庆木材综合工厂办公室大楼
③ 重庆木材综合工厂综合办公室大楼已经成为文物保护单位
④ 重庆市优秀历史建筑挂牌

年获全国同行业竞赛一等奖；1981 年和 1987 年，两次获国家质量银质奖。生产的"渝城牌"复合板门，在 1984 年先后获得省、市优质产品荣誉称号。

至 1988 年，重庆木材综合工厂生产的主要产品有装饰板、饰面板家具、刨花板、门框窗、活动房板式门、折椅、影剧椅等。平均每年完成工业总产值 2203.8 万元，利税总额 340.4 万元。

2001 年 10 月，重庆木材综合工厂因经营不善宣告破产，其刨花板生产线卖给其他公司继续进行生产（后亦被搬迁），其余部分厂房均予以拆除。我们 2022 年 3 月 24 日赴该厂考察调研时，这家企业已完全失去了生机，其中原因，我们就不太清楚了。

① 重庆木材综合工厂生产车间
② 重庆木材综合工厂生产车间

第50节　重庆第六棉纺织厂

重庆第六棉纺织厂系全民所有制中型企业，隶属于重庆市纺织工业局。主要产品是棉纱和帘子布。1983年拥有职工3086人。棉纱主要供全川69家厂作织布和床单、针织、毛巾等使用；帘子布是供省内外轮船厂使用的。从1950年至1983年，为国家提供积累1.2亿元。其厂址在李家沱的马王坪，厂区占地面积17.93万平方米，房屋建

老厂房已被房地产开发

①

②

筑面积 11.93 万平方米。

重庆第六棉纺织厂的缘起，跟一位湖北人有关。

湖北沙市人李玉山，原来是上海日本纱厂的一名工人，后被派往日本留学，回来后为企业收购棉花，获巨额利润，于 1930 年在湖北沙市宝塔河自创"沙市纱厂"。当时他有 100 万元资本，从英国进口 2 万枚纱锭、于法国进口 750 匹柴油机自行发电，主要生产 16 支和 20 支棉纱，约有员工 1500 人。

抗日战争爆发后，工厂几经折腾，将机器从沙市历经三个月时间，其间数次遭日军飞机轰炸，2 万纱锭仅剩三分之二抵达四川奉节。1939 年，为了供应军需及满足大后方生活之所需，国民政府经济部责令企业将存放在奉节的纺纱设备迁来重庆李家沱马王坪建厂，占 地 80 亩， 终 成 13600 锭、1450 名员工，开始了新的生产。

1949 年 11 月重庆解放后，沙市纱厂以"加工代纺"的形式恢复了生产，并总结出"陈树兰组细纱落纱工作法"向全

① 老厂房已被房地产
　　开发
② 老厂房已被房地产
　　开发
③ 残留的职工生活区
④ 残留的职工生活区
⑤ 残留的职工生活区

残留的职工生活区

国推广。1953 年，该厂接受社会主义改造，并前后两次分别并入私营道角新裕纱厂的纱锭 7200 锭和 400 员工、私营富华纱厂的纱锭 1200 锭和员工 90 名，使得该厂规模达 22000 纱锭、1900 名员工，被命名为"重庆沙市纱厂"。三线建设前国家又予以投资技改，使其纱锭达到了 31984 枚。

三线建设开始后，国家再次加大了对该厂的技术改造力度，1969 年从其他厂调来了 16 台细纱机，并努力增加其纱锭，至 35856 枚。又于 1971 年为其增建了帘子布生产车间，安装两套帘子布织机及配套设备，使其帘子布达到了年产 400 吨的生产能力。1967 年，该厂正式更名为"重庆第六棉纺织厂"。

三线建设调整时的 1983 年，经过再一次的老厂改造和异地重建，重庆第六棉纺织厂的纱锭增加至 49088 枚，并帘子布 3 条生产线，时有在册职工 3086 人，固定资产原值 2138.82 万元，净值 1473.82 万元，全年完成工业生产总值 4989.84 万元，上缴税金 425.85 万元，完成企业利润 59.69 万元。

第51节 重庆毛纺织染厂

1940年，上海章华毛纺厂分迁部分设备来渝，在李家沱建厂，命名为中国毛纺织厂特种股份有限公司，为官商合股经营。

1952年，原军政部所属六一六制呢厂并入该厂。三线建设以后的1966年，更名为重庆毛纺织染厂，三线调整时期，该厂分别与当时的巴县、南岸又联合组建了重庆

重庆毛纺织染厂职工家属楼

毛条厂、重庆第二毛纺织厂和重庆毛毯厂。

　　经过三线建设的扩能技改，重庆毛纺织染厂形成拥有各类纱锭 13484 枚，织机 186 台，服装生产线 1 条。精纺呢绒、毛线生产设计能力为三线建设前的 12.3 和 32.3 倍。累计生产精粗纺毛织品 4400 万余米，各类毛线、针织绒线 15000 余吨，毛毯 360.9 万余条，服装 7 万余件。工厂产品中有 27 个产品荣获纺织部、四川省、重庆市优质产品称号。

　　在三线建设调整时期，重庆毛纺织染厂更加注重新产品的开发和产品质量的提高。企业的员工数在 1984 年达到了 7000 余人，主要生产的产品由 4 个增加至 7 个，总锭数增加至 20000 枚，其 17210 牦牛毛混纺粗花呢，于 1984 年获国家经委优秀新产品"金龙奖"，企业一跃成了西南地区最大的毛纺工业生产基地。

重庆毛纺织染厂遗址

第52节 重庆瓷厂

在重庆制药机械厂工作时，无论是在金工、烧成、机修、铆焊车间实习，还是回厂党委系统、负责共青团工作，我们喝茶不管用的是大号搪瓷口缸，还是双层保温陶瓷茶杯，都是重庆瓷厂生产的产品。那个时候，作为日用陶瓷，不到5元钱一只，现在用作收藏品，需三四百元一只了。

重庆瓷厂即是后来名噪一时的重庆兆峰陶瓷，它成

重庆瓷厂大门

立于1951年，位于李家沱陈家湾，是四川首次采用长石、石英、黏土配方原料，代替过去单用白泡洗浆做普瓷坯料生产普瓷的瓷厂。历经数次更名变革：重庆窑业厂——重庆陶瓷厂——重庆瓷厂——重庆陶瓷工业公司——兆峰陶瓷（重庆兆瓷）有限公司——重庆华陶瓷业有限公司（简称"华陶"），逐步发展成以国家指定用瓷和日用陶瓷为主，集设计、生产、销售于一体的大型现代化企业。

遵照朱德委员长"北京人民大会堂四川厅茶具，应由四川省制作具有地方特色的盖碗茶"的意见，重庆瓷厂在西南地区首次生产高档细瓷茶具，并由四川乐山人郭沫若专为这批产品题词："蒙茶碧、蜀瓷洁，一盏兴君、诗泉横溢。"

三线建设前，重庆瓷厂是家小规模、且多用简单工具生产的陶瓷厂；三线建设之后，国家投入专项资金，扩建了厂房，并进行了很大力度的技术改造，在1965年，该厂在四川地区首次建成隧道笼式17米烤

① 重庆瓷厂生产区
② 重庆瓷厂生产区
③ 重庆瓷厂厂区环境
④ 重庆瓷厂办公楼

花窑 2 条，于 1971 年在全国首先采用天然气做燃料，又落成 64 米隧道窑生产线 1 条。1979 年，该厂研制并批量生产的双层隔热旅行杯，在全国瓷器市场上独领风骚，被国家轻工部评为二等奖。

重庆陶瓷工业公司在 1992 年之前，亏损达 1000 多万元，严重资不抵债，几近破产边缘。1991 年 10 月，重庆陶瓷工业公司与香港兆峰陶瓷集团达成合资协议，成立兆峰陶瓷（重庆兆瓷）有限公司，兆峰陶瓷投资 125 万美元，占 25%；重庆投资 375 万美元，占 75%。2000 年 5 月，兆峰集团被债权人香港汇丰银行告上法庭，破产清盘。重庆方成功将合资企业的港方股份回购，并正式将兆峰陶瓷（重庆兆瓷）有限公司更名为"重庆华陶瓷业有限公司"。

如今，华陶仍在李家沱散发着勃勃生机。

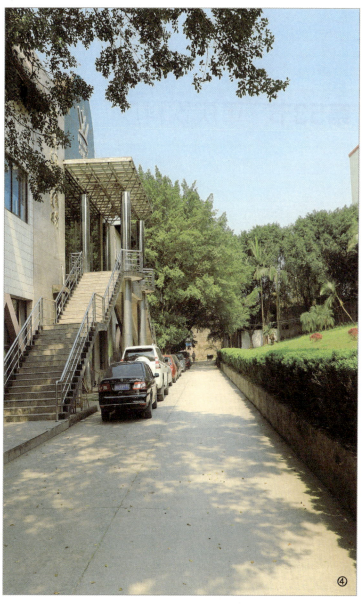

① 重庆瓷厂生活区
② 重庆瓷厂生活区
③ 重庆瓷厂家属区
④ 重庆瓷厂办公楼

第53节 重庆饮料厂

重庆饮料厂位于九龙坡区石坪桥，其前身是一英国人于1936年创办的重庆美华汽水厂，主要生产"美华牌"柠檬汽水、沙士汽水等产品，在抗战时的陪都很有影响力。解放后，经过公私合营改造，整合为重庆冰厂的一个车间，其使用的商标也从"美华"变更为"青鸟"，年产量只有300多万瓶。

三线建设之后，重庆冰厂的汽水车间整体搬到了石坪桥，占地2.67万平方米，建筑面积2.14万平方米，并独

立为重庆饮料厂，固定资产也由原来的 160 万元增加到了 928 万元。同时，该厂主动与四川省中药研究所等单位和大专院校结成科研生产联合体，共同研发饮料新品种。

垫江号称"牡丹之乡"，在国家资金大力扶持下，生产了大量积压卖不出去的药用牡丹。根据政府有关部门的指示，四川省中药研究所以牡丹为基质，1981 年，开发出了著名的"天府可乐"，由重庆饮料厂生产后，一炮走红，并在全国各地建立了 71 个灌装分厂，产品畅销全国。

1985 年，重庆饮料厂的饮料总产量为 17016 吨，完成工业总产值 1879.2 万元，实现利润 539.7 万元，时有在册职工 1088 人。

1988 年，重庆饮料厂更名为"中国天府可乐集团公司"（下文简称"天府可乐集团"），下属灌装厂达 108 个，在中国可

① 重庆饮料厂原址
② 重庆饮料厂地址
③ 重庆饮料厂影子

重庆饮料厂原址

乐市场占有率达75%，创产值3亿多元，利税达6000多万元。

1994年，天府可乐集团与百事可乐国际公司的子公司肯德基国际控股公司（以下简称"肯德基国际"）签订合资经营合同，成立了重庆百事天府饮料有限公司（以下简称"百事天府公司"）。肯德基国际以现金出资1070万美元，占59.4%股份；天府可乐集团则以土地、厂房和生产设备（折价730万美元）算为出资，占股份40.6%的。双方约定，合资公司生产的"天府可乐"应不低于总饮料产量的50%。

但是，双方合资后，百事天府公司从广告到销售，全力推广"百事可乐"品牌饮料，"天府可乐"饮料销量骤降，合资第一年还能占74%，到第二年就成了51%，第三年下

降到21%，到2007年仅占0.5%。与此形成鲜明对比的是，合资不久，"百事可乐"就在重庆市场占有率最高达到八成以上。

在13年的合资过程中，天府可乐集团累计最高亏损达7000万元，债务高达1.4亿元。2006年，承受巨大经济压力的天府可乐集团，将手里的股份作价1.3亿元卖给百事天府公司。至此，天府可乐集团以品牌消亡、市场尽失、资产归零为代价，换来了账面上的零负债。

2008年，天府可乐集团开始追讨天府可乐配方及制作工艺归属权。2010年，成功拿回配方及工艺。2013年，"天府可乐"系列商标回归。2016年1月6日，"天府可乐"宣布品牌复出。

第54节　重庆新华印刷厂

　　地处九龙坡区杨家坪兴胜路七号的重庆新华印刷厂，重庆解放初期为西南新华印刷厂，是 1949 年底以"南下干部"为骨干、由正中书局、大大书局、中国文化服务社、国民党联勤总部、国防部、大公报等单位与机构的印刷厂组建而成。1952 年，与西南财政部印刷厂、公安部华一印刷厂、西南局团委印刷厂和原贸易部、卫生部印刷厂，以及新建、自力、说文、中央印书馆等单位，合并而成为西南新华印刷总厂，时有在册职工 3000 余人。西南局撤销后，西南新华印刷总厂改名为"重庆新华印刷厂"。

　　在我国第一个五年计划期间（1953—1957 年），该厂的搬迁和改扩建计划被列入了 156 个国家重点项目。1955 年，该厂新增 2 台从民主德国进口的平版纸双面印刷轮式转机、国产上海折页机等设备，铅印印刷产量达到了 18.33 万令（编者注：纸张的计量单位。以规定尺寸的原张纸五百张为一令）、书刊装订 16.86 万令、胶印印刷 4.19 万色令，铅印排版印刷 946 万元，年利润 84.8 万元。

　　三线建设时期，该厂努力克服"文革"带来的

重庆新华印刷厂原址

巨大影响和冲击，同新华书店重庆发行所合作，大搞课本和作业本印刷。十一届三中全会之后，该厂在一年时间内，就印制出《巴金选集》十卷本，创造出一家厂子在8个月内、出齐多卷本成套书的国内印刷新纪录。

1983年，重庆新华印刷厂拥有职工1430人，固定资产原值1069万元，净值578万元，全年完成工业总产值1745万元，实现利润242万元。

① 重庆新华印刷厂原址
② 重庆新华印刷厂原址

第55节 重庆肉类联合加工厂

重庆肉类联合加工厂于1953年开始筹建，1955年在茄子溪陈家坝破土动工，投资858万元，于1958年7月建成投产。工厂建有肉脂冷藏动力、饲养、制药、肉食品加工等5个生产车间，1200吨和9000吨冷冻库各1座及其他附属设施，生产能力为日宰生猪1000头，是一家大型肉类联合加工厂。1960年，工厂开始进行生产条件

重庆肉类联合加工厂大门

① 重庆肉类联合加工厂厂区全貌
② 重庆肉类联合加工厂办公楼
③ 重庆肉类联合加工厂物流
④ 重庆肉类联合加工厂厂区环境

和生产设备改造，完成屠宰车间60余道工序全部自动化传送装置和机械化设备的安装调试。

重庆肉类联合加工厂的主要任务是宰杀猪、牛，为部队和市民提供当时有限的肉制品和对外出口白条冻肉；为制药厂生产提供胰岛素，肝浸膏半成品原料及胆钙盐、胆膏及喉骨片等10余个品种。80年代中后期，我经常去这个厂，因其"生化制药厂"是我的基本用户，我经常为该厂提供制药机械设备，主要有搪玻璃蒸发锅和过滤器等。

1979年和1980年，商业部再次投资1365万元，为重庆肉类联合加工厂扩建2个9000吨冷库及其辅助工程，工程落成后，其冷冻能力增加到19200吨，日屠宰能力达4500头。

1988年，工厂成为全国八大肉联厂之一，时有4座冷藏总量32000吨大型高低温冷库，能圈存生猪8000～9000头，月宰生猪6000头。1984—1989年，每年平均屠宰生猪38.16万头。年总产值5486.67万元，利润286.66万元。

③

④

第56节　重庆冠生园食品厂

重庆冠生园食品厂的缘起是广东人冼冠生创建于1915年的"上海冠生园"，抗战期间迁入重庆，主要为前线将士生产罐头食品、饼干等，表现了作为民族工业的高风亮节。1940年冯玉祥将军曾为其挥毫题写"现代弦高"的匾额。到1945年，已拥有3家分厂，400余员工。抗战胜利后，冠生园总部回到上海。到1949年，冠生园在各地设

①

分店 37 家，成为当时中国最大的食品企业。但是由于物价飞涨，各地企业生存也十分困难，重庆冠生园的生产场地减至 500 平方米，员工不足 50 人。

1956 年公私合营，冼氏控股的冠生园股份有限公司解体，上海总部一分为三，各地企业隶属地方，与上海冠生园再无关系。

重庆解放后，冠生园也重获新生。1955 年公私合营时已有员工 183 人，固定资产净值 8 万元；1960 年 2 月，工厂从市中区民权路迁至九龙坡石坪桥。三线建设时的 1966 年改为地方国营企业，厂名更为"重庆东风食品厂"，1980 年恢复"重庆冠生园食品厂"名称，且逐渐恢复了该厂的传统优质名品：黄油球糖、樱花软糖、奶油核桃糕、橘子夹心饼干等产品。1982 年，改制为重庆冠生园食

① 重庆冠生园食品厂原大门
② 重庆冠生园食品厂住宅楼
③ 重庆冠生园食品厂综合楼

②

③

重庆冠生园食品厂遗址

品有限责任公司。

　　在三线建设时期，作为地方保障战时军民食品的重要基地，国家给予了技改扩能等相关政策，从而使该厂的产品得到了进一步的稳定和发展，多次获重庆市、四川省、轻工部、国家经委授予的优质产品荣誉称号。

　　1985年，该厂时有职工547人，占地面积42134平方米，拥有固定资产312.6万元，全年完成工业总产值1245.4万元，上交利税234.4万元。

第57节　中梁山煤矿

中梁山煤矿位于重庆市九龙坡区中梁山田坝，矿区面积6.42平方千米。中梁山煤田系上二叠统龙潭组煤系，含煤10层，可采9层，煤层厚度为9.6米；1985年末探明储量为1.22亿吨，保有储量0.9亿吨。矿区内还蕴藏着约30亿吨品位较高的石灰石，以及可供开发利用的冰川石、方解石、硫铁矿、铝土、瓦斯、矿泉水等资源。

中梁山煤矿大门

①

②

1940年，中华民国资源委员会、中国银行、中国矿业公司3家单位，共同组建"建川煤矿特种股份有限公司"，开始了对中梁山煤矿的开发。1947年，因矿井瓦斯爆炸，公司损失严重，建川公司无力恢复生产而停采。继后，国民政府资源委员会成立建川煤矿保管处，处理善后事宜。1950年，西南区工业部接管建川煤矿，同时决定暂行停采，待一系列调查、勘探工作完成后，于1955年重新破土动工，并于1959年建成开采。

1955年正式成立中梁山煤矿筹备处，国家投资4600万元进行矿井基本建设，并将该矿列为"一五"计划当中的"156项重点工程"之一。1959年1月，矿井建成投产。设计能力180万吨／年；2月，正式成立中梁山矿务局；10月，改称为中梁山煤矿。1962年，其生产能力核减为120万吨／年。1983年6月，所属南井、北井升为矿；1984年1月，被国家经委批准为统配煤矿。

中梁山煤田地质构造极为复杂，断层密集，系急倾斜近距离薄煤层群，生产掘进多用卸式矿车、人力推车。该矿外运有矿区铁路专用线与成渝、襄渝铁路接轨，由火车装运。

中梁山煤矿矿井开拓为平碉竖井联合布置。掘进工艺为风钻打眼、放炮。从1970年起，开拓掘进使用耙斗机装台；1983年起，生产掘进部分使用小耙斗机出渣。1985年，掘进装载机械化程度为17.10%，巷道支护在60年代以木支柱、水泥支柱和用石料发碹支护；70年代大量推行金属支柱、锚喷支护。开采过程中采用风镐落煤。60年代，曾采用小阶段爆破、水力采煤、水平分层开采等十余种采煤方式推进。

1965年三线建设展开之后，该矿试验矸石充填采煤法获得成功；70年代后期，该矿

① 中梁山煤矿办公楼
② 中梁山煤矿办公楼
③ 中梁山煤矿南矿井
④ 中梁山煤矿南井生产区

①

②

广泛使用伪倾斜柔性掩护支架采煤法；1984 年又创造了伪倾斜正台阶采煤法。矿井采用中央并列式通风，总通风能力为 2 万立方米／分钟。井下采煤工作面，煤炭采用自溜近入港刮板运输机运输、大卷，地面分别由蓄电池防爆机车和架线式机车牵引万吨矿车装运。

1960 年 12 月 15 日 12 时 55 分，中梁山煤矿南井 500 米水平四石门至五石门之间，在启封 3412 火区 192 时之后，发生瓦斯煤尘爆炸事故，死亡 124 人（见 1999 年煤炭工业出版社《中国煤炭志·附卷 重庆卷》第 30 页）。

中梁山煤矿瓦斯 1960 年大爆炸后，认真总结经验，吸取教训，后续多年的探索和实践，总结出了"三区成套两超前"和"排、开、抽、探、震、防、通、检、用、教" 10 字综合治理瓦斯的经验，其后到 1985 年，该矿再也没有发生瓦斯突出、发生爆炸造成死亡的事故了。

1979 年之后，该矿进一步形成和完善了矿井矸石充填、

① 中梁山煤矿南矿井生产区
② 中梁山煤矿南矿井生产区
③ 中梁山煤矿北矿井
④ 中梁山煤矿北矿井生产区
⑤ 中梁山煤矿北矿井生产区

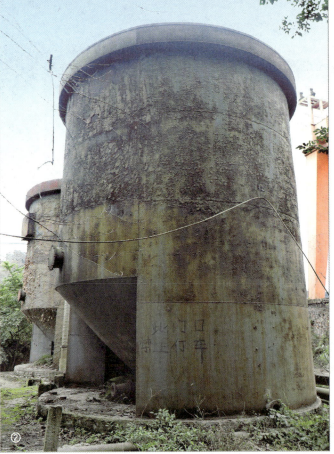

防火注浆、瓦斯抽放、洒水除尘、瓦斯监测遥测等五大安全系统，计算机集中监控，煤与瓦斯突出的预测等国内外先进技术已应用于安全领域，1979—1985年，百万吨死亡率较之前的20年降低了17%。1990年百万吨死亡率为2.9人。

该煤矿从50年代到1985年，共完成上级下达的科研项目数十项；完成自立科研及新技术、新工艺推广项目上百项。主要科技成果有开采保护层、煤体预抽瓦斯、石门揭煤遥控震动性放炮、瓦斯强力警报仪、急倾斜解放层上行通风、低透气煤层瓦斯预抽、伪倾斜正台阶采煤法、矿车自动连线装置等项目，有13项获得了国家、省、部和市级奖励。

在综合利用、多种经营方面，中梁山煤矿由60年代生

① 中梁山煤矿洗选厂运输系统
② 中梁山煤矿洗选厂遗址
③ 中梁山煤矿洗选厂遗址
④ 中梁山煤矿洗选厂遗址
⑤ 中梁山煤矿洗选厂遗址
⑥ 中梁山煤矿洗选厂遗址

⑤

⑥

①

②

产自救的家属"五七"社，发展到80年代末，拥有固定资产1931.94万元；生产水泥、矿泉水、炭黑、矸石砖、钢化玻璃等20余种产品，随后投资1600万元建成的瓦斯民用工程，供应九龙坡、沙坪坝地区部分民用瓦斯达二万户之多。

80年代末，中梁山煤矿新建家属住宅7.1万平方米，矿区绿化被评为"重庆市园林式单位"。其文化建设体系主要有矿区闭路电视网、影剧院、舞厅、运动场和职工图书馆室等设施。全矿建有幼儿园2所、子弟中小学4所，以及技工学校、职工培训中心各1个，有教职员工296人，在校学生3117人。

1985年，中梁山煤矿辖南、北两对矿井，设计生产能力120万吨／年，核定生产能力90万吨／年，另有选煤厂、机修厂、煤矿医院及多种经营服务企业若干。1985年，该矿拥有正式职工8544人，固定资产原值9703万元，净值5276万元；生产原煤75万吨，完成工业生产总值2054万元。生产的煤炭

③

④

⑤

① 中梁山煤矿之"中梁山矿泉水"
② 中梁山煤矿生活区环境
③ 中梁山煤矿生活区灯光球场
④ 中梁山煤矿运动场灯光球场
⑤ 中梁山煤矿生活区雕塑

①

②

主要供给重庆发电厂、重庆钢铁公司等基本用户。

为解决衰老煤矿的退出问题，在 20 世纪 90 年代后期，国家出台政策，支持原国有煤矿政策性破产。到 2008 年，全国共关闭破产 270 多处煤矿（企业），依法处理了大量债务，妥善安置了 200 多万下岗职工，相当一部分企业办社会职能移交地方政府和社会管理，解决了计划经济时期遗留的许多问题，有力地促进了矿区及社会的和谐稳定。

1998 年，国家将原中央直管的松藻、南桐、永荣、天府、中梁山等 5 个矿务局下放到重庆市管理。2000 年至 2006 年，经全国企业兼并破产和职工再就业工作领导小组批准，永荣矿务局双河煤矿、曾家山矿、天府矿务局杨柳坝煤矿、重庆市东林煤矿、重庆綦江打通二矿及中梁山矿务局等 6 户国有煤炭企业，按"中办发〔2000〕11 号"文件，先后实施了政策性破产，共涉及职工近 6.5 万人，处理了大量债务，移交了公安、学校等社会职能，解决了计划经济时期遗留的许多问题。

2001 年，中梁山煤矿宣布破产，改制为中梁山煤电气有限公司。离退休人员管理、"三供一业"等社会职能，移交地方管理。

2016 年，中梁山煤电气有限公司再次破产，关闭采煤业，仅保留瓦斯抽采及矿泉水等业务。2021 年春节前，又一次宣布彻底破产。

① 中梁山煤矿生活区宿舍楼
② 中梁山煤矿生活区宿舍楼
③ 中梁山煤矿生活区宿舍楼

③

第58节　四川电力建设一公司

四川电力建设一公司的前身为西南电力建设一公司，它创办于1952年，企业地址在九龙坡区的五龙庙，是1985年重庆市全民所有制一级建筑安装19家企业中，主要从事电力工业建设的专类企业。由苏联援建的全国156项重点工程之一的重庆发电厂的第一期工程（2×1.2万千瓦机组），其土建施工、设备安装就是该公司在重庆的代表作。

1952年12月，为了承建重庆发电厂之工程，作为四

① 四川电力建设一公司的代表作
② 四川电力建设一公司建设的重
　庆发电厂
③ 四川电力建设一公司办公楼

四川电力建设一公司建设的水塔

川省电力安装公司的尖兵，它们集中了全司精兵强将，保质保量且准时完成了一期工程。在随后的工程建设中，于三线建设展开后的1966年，四川省电建四公司并入其中后，这支队伍才正式更名为"西南电力建设一公司"的。继60年代承担了又一个4台5万千瓦机组的建装工程之后，1975年，重庆发动厂29.6万千瓦的电厂扩能建筑安装工程也是由这家公司承担建设的。

在发电能力高速发展的时代，四川电力建设一公司还参加了重庆电网变电站的建筑安装工程建设，这包括"一五"期间的11座变电站、"二五"期间的双山变电站、"三五"期间的宜宾豆坝至重庆凉亭的豆渝线建设安装等工程。

1985年，该公司拥有在册职工3723人，实现产值1696万元，上缴税收60万元。

第59节　重庆第一建筑工程公司

重庆第一建筑工程公司成立于1950年，注册地在九龙坡石坪桥正街78号，它是在国家三线建设时期，对共和国及重庆地区国防和现代化建设做出突出贡献的建筑施工企业。建司不久，它首先参加了国营长江电工厂的生产厂房扩建和非生产性建筑的施工工程；"大跃进"时期，它又义不容辞地参加了重庆钢铁厂"钢铁元帅升帐"的改

第一建筑工程公司原址

建 筑 一 村
JIANZHU YICUN
18

① 第一建筑工程公司住宅楼
② 第一建筑工程公司家属区标志
③ 第一建筑工程公司家属区黄桷树
④ 第一建筑工程公司宿舍楼
⑤ 第一建筑工程公司原址

扩建工程。

2022年3月17日，重庆三线两会组团去到重庆饮料厂调研，该厂的老同志告诉我们：三线调整时期，重庆饮料厂3050平方米的底料生产车间、1094平方米的包装车间和8008平方米十层楼框架结构的主厂房，以及设备、制冷、自动化控制系统，都是重庆第一建筑工程公司建造和安装的。"我们投资三年收回成本，一建那是功不可没的。"

最近，重庆三线两会比较系统地研究了一下三线建设以及前后各个时间段的规划及建筑单位，我们发现，重庆第一建筑工程公司的作品还有重庆水泥厂、第二建材厂、重庆邮政局在牛角沱的邮件处理中心、二〇五微波工程、重庆百货大楼、小洞天饭店、渝州宾馆、西南经协大厦、重医附一院和二院、市三院和急救中心……

1985年，重庆第一建筑工程公司有职工5231人，施工产值3618万元，实现利润219万元。

第60节　重庆第八建筑工程公司

三线建设开始时的 1965 年 1 月 20 日，建筑工程部西南工程管理局"(65) 建西南计字第七号"文件决定：抽调一公司二处和三公司三处组建第八工程公司。1965 年

2 月 11 日，又以"(65) 建西南计字第 15 号"文件决定：西南一公司二处、三公司三处从 1965 年 1 月 1 日起，全部职工及设备和低值易耗品等，划归八公司筹建经理部；

再从一、三公司各抽调干部60人给八公司。按照西南工程管理局的要求，于1965年5月1日，在永川县成立了建筑工程部的西南第八公司。

三线建设时期，该公司主要承担了四、五、六机械工业部所属国防工厂的建设任务，红岩机器厂三线建设刚开始时，分别从江苏无锡、河南洛阳迁来重庆北碚歇马场，其建设的施工单位就是重庆第八建筑工程公司。红岩机器厂一期迁建工程建筑面积7.5万平方米，系当年设计当年施工、当年竣工投产的样板工厂。由于此项工程质量优、速度快，重庆第八建筑工程公司因此受到建筑工程部的表彰和奖励。

据1991年重庆大学出版社出版的《重庆建筑志》记载：长江电工厂"庭园式"厂部办公楼（混合结构五层8144平方

① 重庆第八建筑工程公司遗址
② 重庆第八建筑工程公司地址
③ 重庆第八建筑工程公司办公楼

米）、四川汽车制造厂，以及重庆汽车发动机厂、重庆汽车配件制造厂、红岩汽车弹簧厂、綦江齿轮厂、油泵油嘴厂等工厂，房屋建筑总面积 73.4 万平方米，其主要施工单位，也是注册地变更为石坪桥正街 21 号的重庆第八建筑工程公司。

1985 年，该公司拥有员工 6816 人，施工产值 3100 万元，实现税利 128 万元。

① 重庆第八建筑工程公司办公楼
② 重庆第八建筑工程公司假山园林景观

第61节　重庆第九建筑工程公司

重庆第九建筑工程公司是一家国营一级建筑施工企业，公司地处九龙坡区杨家坪毛线沟。公司于1965年组建时，属建工部直属企业。1971年下放四川省，更名为四川省第九建筑工程公司，1983年为适应重庆市城市综合经济体制改革的需要，又由四川省下放到重庆市并更名为重庆市第九建设工程公司。全公司占地面积15.6万平

① 重庆第九建筑工程公司大门
② 重庆第九建筑工程公司综合楼
③ 重庆第九建筑工程公司办公楼
④ 重庆第九建筑工程公司材料库

方米，其中生产性用房占地 3 万平方米。

三线建设期间，九建是重庆大三线建设一支敢打硬仗的突击先锋队。2022 年 3 月 30 日，重庆三线两会走进该公司进行考察调研，接待我们的党委办公室负责同志告诉我们："我们公司的原来注册地在永川，就是因为建设重庆发电厂，修建它的巨无霸高烟囱才搬到重庆来的。1983 年列入国家重点工程的重庆发电厂 2×20 万千瓦扩建工程，包括主厂房 38600 平方米，240 米高、顶端直径 16 米的钢筋混凝土烟囱，都是我们的作品。"

据相关资料显示：四川汽车制造厂的铸造、车身、车桥、转向节、总装等 5 个车间的建筑；重庆第二建材厂从意大利引进的彩色水磨石板车间厂房 3090 平方米的建筑，重庆白市驿机场航站楼；重庆肉联厂两座 9000 吨冷库都是该公司的作品且获得国家银质奖。1985 年，该公司拥有职工 6270 人，完成施工产值 4128 万元，实现利润 271 万元，上缴税金 55 万元。

③

④

第62节　重庆第八建筑工程公司联合加工厂构件分厂

在查阅1997年重庆大学出版社出版的《重庆建筑志》时，我偶然发现在三线建设时期，重庆市当时预制构件生产能力最大、职工人数最多的企业，居然是重庆第八建筑工程公司联合加工厂构件分厂（下文简称"八建构件分厂"）。于是我专门安排重庆三线两会的陈位明、李桂斌，于2022年4月8日陪我去到了九龙坡黄家码头工农村，前往考察调研。

重庆第八建筑工程公司原系工程兵021支队序列的一

①

支生力军，参加了重庆众多的三线建设项目的工程。在当时的重庆，它是全市5个国有建工企业建有预制构件厂、获得"预制混凝土构件一级企业"资质之一。八建构件分厂当时占地面积有2.1万平方米，全年的生产能力有2万立方米，时有职工345人。

在考察调研的过程中，黄家码头工农村的土著居民告诉我们："这家厂建于三线建设调整时期的1978年。当时全国的改革开放才起步不久，八建构件分厂为了适应市场经济的需要，在这边建的工场很大，生产那是热火朝天的，一天到晚机器都没有熄过火，四班三运转的场面，这后来的50年从来没有看见过了。"

① 八建构件分厂原址
② 已经开发为小学的八建构件分厂
③ 八建构件分厂原址
④ 八建构件分厂原址

第63节 重庆工业管理学院

①

重庆工业管理学院，系工管结合、文理兼备的普通高等学院，校址在重庆市九龙坡区杨家坪，隶属于兵器工业部。

该院的前身是国民政府兵工署第21工厂技校，1940年9月18日成立，因附设在21兵工厂，故简称"21技工学校"，对外名称为"士继公学"。

1950年4月，西南军政委员会工业部批准，将21厂技校和20厂嘉陵中学高中部、50厂务实中学高中部合并，更名为"21厂工业职业学校"，其目的是为重庆兵工系统培养初中级技术骨干。1950年以后，该校先后更名为西南军政委员会西南工业部工业学校、第二机械工业部第一工业学校、重庆工业专科学校、重庆第一机械制造工业学校、重庆工业学院、重庆工业管理学院。

1960年3月，学校升为重庆工业专科学校。1965年4月，升格为重庆工业学院，隶属于第五机械工业部。

1986年，经国家教委批准，改建为重庆工业管理学院。其后，学校先后隶属于中华人民共和国兵器工业部、国家机械委、机械电子工业部，从1991

年开始隶属于中国兵器工业总公司。

1999 年，由中国兵器工业总公司划转重庆市管理，更名为"重庆工学院"。2001 年，重庆经济管理干部学院整体并入该学院。2009 年，经教育部批准，更名为"重庆理工大学"。

重庆工业管理学院占地面积 21 万平方米，建筑面积 62634 平方米。其中 1953 年兴建的、具有民族风格的琉璃瓦教学大楼，一次可容纳 2000 名学生上课。全院有 22 个实验室、1 个电教中心、1 个计算机中心和 1 个实习工厂；图书馆藏书 12 万册。时有 644 名教职员工，其中专任教师 210 名，具有副教授以上专业技术职称 34 人，讲师 103 人。1990 年 7 月，经国务院学位委员会、国家教育委员会批准，重庆工业管理学院列为新增学士学位授予单位，

① 重庆工业管理学院大门
② 重庆工业管理学院教学楼
③ 重庆工业管理学院教学楼

① 重庆工业管理学院科技楼
② 重庆工业管理学院卫生所

达到在校学生 3000 人的规模。

2022 年 5 月 4 日中午，我们到重庆理工大学进行考察调研时，原学院已经动迁，教学区已全部被作为房地产开发了，但原学院的卫生所、幼儿园、男女学生宿舍、教职员工家属宿舍，并一些体育设施几乎还完整保留了下来，特别是已经改作为重庆市破产法院办公楼的琉璃瓦教学大楼，作为文物保护单位继续遗存在原地。

① 重庆工业管理学院科技楼
② 重庆工业管理学院卫生所
③ 重庆工业管理学院员工宿舍
④ 重庆工业管理学院员工宿舍
⑤ 重庆工业管理学院员工宿舍
⑥ 重庆工业管理学院员工宿舍

巴山蜀水

三线建设

BASHANSHUSHUI SANXIANJIANSHE

重庆市大渡口区企事业单位

重钢的档案馆是国家一级档案馆，鼎盛时期的编制就有三四十人，整个一座独立的乳白色大楼，映照在一片森林之中，显得特别肃静和庄重。作为重庆团商协会副会长，我通过重钢团委的张发明老团干沟通后，该馆的王贞、徐华伟同志热情地接待了我们。

在查找我们所需要的重钢砖瓦厂相关资料前，我们先参观了重钢档案馆的重钢历史陈列室，里面有二匹机制瓦引起了我们的浓厚兴趣：一匹是洋务运动汉阳造（抗战全面爆发、搬迁大渡口之前）的钢铁厂机制瓦，厂铭非常清晰，应该是一级文物了吧？另一片就是铭文为"西南工业部101厂砖瓦场"的红瓦，它也让同去重钢档案馆的5007厂的吴学辉和二砖厂的"副官"大吃一惊。

参观完陈列室后，我们"重庆三线两会"几个人又从三楼下到二楼，从几十万份档案中查找到它的基建档案、建材使用档案，最后才理清了重钢墙体材料制作和使用的历史。1941年2月，创办华新公司（实物发掘于沙坪坝井口地质队），"胜利砖瓦厂"是华新公司三个下属厂之一（实物发掘于重钢招待所），重钢收购胜利砖瓦厂变更为自己的"西南工业部101厂砖瓦场"，再后来发展为"西南钢铁公司工程公司砖瓦厂"（实物发掘于杨家坪四川美院）。

一滴水可以折射出太阳的光辉。我们了解大渡口区的三线建设，是从重钢开始的，我们了解重钢的发展史是从建设重钢的墙体材料开始的。

第01节 重庆钢铁公司

　　重庆钢铁公司（以下简称"重钢"）位于重庆市大渡口区，南濒长江，三面环山，丘陵起伏，厂区呈星月牙状，占地面积 269 公顷。重钢是全国重点钢铁企业之一，下属 70 个分厂（矿）、处（室），其中主要生产厂（矿）22 个。

　　三线建设时期，重钢共有职工 48846 人，其中干部 6172 人，干部中技术人员 1789 人。主要产品为板、管、带、型钢材等 959 个钢材品种以及焦炭和部分有机化工产品。

　　1938 年，国民政府兵工署和经济部资源委员会，拆迁

①

汉阳兵工厂已停产 10 余年的陈旧设备——马丁炉（平炉）、蒸汽轧钢机；六河沟铁厂的百吨高炉和上海钢铁厂的一部分设备器材，共有 56800 余吨，于同年 3 月 1 日组建"大渡口钢铁厂迁建委员会"，于重庆市大渡口建厂，并附有南桐煤矿、綦江铁矿、綦江铁路局等单位。

从 1938 年 5 月选定厂址，到 1942 年初逐步建成发电厂、炼铁、炼钢、轧钢、机修等生产车间，并相继投产。1949 年 7 月，重钢改称"兵工署第二十九兵工厂"，为官僚资本军事工业企业。

解放前经营十年，重钢共计生产生铁 74000 吨、钢 47700 吨、钢材 35300 吨。1949 年全年生产生铁 6415 吨、钢 5793 吨、钢材 3987 吨。

1949 年重庆解放以后，重钢由人民政府接管，并实行军事管制。1951 年 3 月，改为"西南 101 厂"。1955 年 2 月，西南钢铁公司与 101 厂合并，名称仍用西南钢铁公司，并直接领导 102 厂、104 厂、105 厂，遵义锰矿、綦江铁矿。1955 年 5 月，西南钢铁公司更名为"重庆钢铁公司"，同时，101 厂改名重庆第一钢铁厂，102 厂改名重庆特殊钢厂（重

① 重庆钢铁公司办公大楼
② 毛主席视察重庆钢铁公司（重钢档案馆供稿）

①

②

庆第二钢铁厂），104 厂改名为重庆第三钢铁厂，105 厂改名为昆明钢铁厂。

1955 年 10 月，重庆第一钢铁厂与綦江铁矿、遵义锰矿合并成重庆钢铁公司，撤销重庆第一钢铁厂建制。重庆第三钢铁厂归重庆钢铁公司领导；重庆第二钢铁厂与昆明钢铁厂划归中央重工业部直接领导。1957 年 6 月，遵义锰矿划归冶金部领导。

解放以来，重钢的生产建设几经波折，经济效益一度比较差，主要表现在"大跃进"和十年动乱时期。1950 年至 1958 年生产稳步上升，1959 年至 1962 年连续四年亏损，1963 年至 1966 年恢复发展，1967 年至 1976 年十年动乱中，有六年亏损，直到党的十一届三中全会即改革开放后才有了根本好转。

三年恢复时期，在贯彻执行"依靠工人，团结职员，恢复和发展生产"方针指引下，重钢仅用半年时间即恢复了生产。为支援成渝铁路建设，在苏联专家的帮助下，积极修复被弃置多年的 8000 匹马力机，于 1950 年 5 月 10 日，轧出新中国第一根汉阳式 85 磅重轨；于 1952 年 4 月设计出中华式 38 千克重轨，同年共计完成 1.3 万吨轨道纲。三厂生产铁道垫板 7647 吨。重钢为我国第一条自己建设的铁路——成渝铁路，做出了积极贡献。

1950 年至 1952 年的恢复时期，重钢为国家积累资金 3.531 万元。第一个五年计划提前 11 个月完成，工业总产值平均每年递增 17.9%。1957 年资金积累率达到 37.7%，在全国重点钢铁企业中名列前茅。与此同时，重钢开始了转改工程，首先修复了 8000 匹马力机，改造了加热炉；在苏联专家指导下，重钢自己设计、自己制造和安装了我国第一座年产 18 万吨的平炉车间。

① 周总理视察重庆钢铁公司
② 邓小平视察重庆钢铁公司
③ 50 年代的重庆钢铁公司
④ 重庆钢铁公司老劳模（以上图片均为重钢档案馆供稿）

③

④

①

②

③

1959 年至 1962 年四年中，国家投资 26986 万元，为重钢新建了 620 立方米高炉和 45 孔焦炉以及三厂的我国第一台立式连铸机和二炼钢厂的 2300 毫米弧形连铸机。经过调整后的 1966 年，重钢实现积累 8845 万元，创历史最好水平。十年动乱时期，重钢生产处于半瘫痪状态，十年中有六年亏损，盈亏抵消后仍净亏 1.3 亿元。

从 1964 年开始，为了贯彻中央关于三线建设的指示，重钢又进行了大规模的基本建设。主要进行了四厂、五厂和綦江铁矿大罗坝矿区的建设，以及六厂的扩建、三厂的科研项目、2300 毫米连铸机、27 平方米烧结机等项目的推建等。为此，重钢成立了三线建设指挥部及现场党委，实行统一组织和具体领导工作。

为了提高西南地区的工业配套能力，国家计委、国家建委、冶金部提出了西南建设薄板厂即重钢四厂的指示。该项目由武汉勘察公司勘测，武汉黑色冶金设计院设计，第五冶金建设公司、第十八冶金建设公司、第十九冶金建设公司先后施工。其中的薄板车间投资 3490 万元，建面 26977 平方米；冷轧车间总投资 850 万元，安装了一

① 百年老字号重庆钢铁公司夜景
② 百年老字号重庆钢铁公司办公楼
③ 百年老字号火红的炼钢车间
④ 历经风雨的老重钢办公楼

①

②

套 1200 毫米冷轧薄板机，建面 7200 平方米；冷轧带钢车间投资 3000 万元，车间建面 17000 平方米。

五厂的建设及六厂的扩建，在后面有详细的叙述，在此就不再累述。三厂被冶金部确定为试验厂之后，于 1957 年开始，先后进行了连铸钢机和行星轧机的工业性实验。1964 年 6 月 24 日，三厂的 1700 毫米弧形连轧机一次性试浇成功；浇出了 1500×180 毫米断面大型板坯，供给 700 毫米行星轧机的坯料使用。

1964 年，重钢三厂在原 150 毫米钳式行星轧机的基础上，设计了 700 毫米钳式热轧行星轧机，在 1700 毫米弧形连铸机尾部，新增厂房，将弧形连铸机浇出的 620×110 毫米板坯，轧成热板卷。1967 年完成建设工程，1969 年底进行运转，1972 年初步进入生产阶段，以后于 1981 年停产拆除。

为提高烧结矿产量，国家决定为重钢新建两台 27 平方米的烧结机。此项目由马鞍山

① 历经风雨的老重钢遗址
② 历经风雨的老重钢遗址
③ 历经风雨的老重钢遗址
④ 历经风雨的钢花电影院
⑤ 已经成为文物保护单位的钢花电影院

第二章 重庆市大渡口区企事业单位

钢铁设计院设计、第十八冶金建设公司施工。1969年开工，1971年3月完成投产，生产能力为7000吨／年，全车间占地24839平方米，接长3号加热炉达到有效长度为24278米，并新装2号、3号加热炉汽化冷却。

三线建设期间，重钢的第一炼钢厂技改工程于1965年破土动工，1967年12月26日浇铸第一炉钢。1966年，重钢根据冶金部指示，对大型轧钢厂进行了较大的扩建，并新装了2号、3号加热炉的汽化冷却。重钢所建焦化回收车间，粗苯、硫铵项目于1964年相继投产后，粗焦油车间于1979年11月建成投产。

从1949年到1983年，重庆钢铁公司经过35年的建设，

特别是上述三线建设时期的大投入，初步形成生产设施比较齐全、基础条件比较好、有较强竞争力的中型钢铁联合企业体，拥有各种设备8085台，共11万吨；固定资产原值6.93亿元，固定资产净值4.62亿元。1983年，完成工业总产值48611万元，实现税利总额已达12957万元。且连续三年税利每年平均递增6.78%。

但是，重钢必定是在旧的基础上改建过来的，缺乏

① 重庆工业的脊梁——宝武重钢大门
② 重庆工业的脊梁——宝武重钢轧钢生产线
③ 重庆工业的脊梁——宝武重钢中控室
④ 重庆工业的脊梁——宝武重钢轧钢机

②

③

④

①

②

原料矿山基地，厂址处于大渡口的一个狭窄地带，而且设备比较陈旧，工艺落后，总体布置凌乱，生产结构不尽合理，能源消耗高，污染比较严重。1994年，国务院批准重钢为全国首批100家现代企业制度试点单位。

1997年，成立重庆钢铁股份有限公司（下文简称"重庆钢铁"）。2000年，兼并重庆特殊钢公司。2007年，重庆钢铁环保搬迁至重庆市长寿区。2017年，重庆钢铁完成司法重组，企业性质由国有控股转变为混合所有制。

重钢搬到长寿后，经过较长时间的建设和发展，现在的情况怎么样呢？2022年2月28日，重庆三线两会在原重钢党委张再坤书记的带领下，来到宝武重钢进行了实地考察调研。接待我们的宝武重钢负责人告诉我们，现今的重钢进行了深化改革，注入宝武集团新的强大的经济活力，企业在产品产量、质量、经济效益和职工收益方向，都上了一个较大的新

的台阶。2018 年，营业收入同
比增长 71.03%，净利润增长
458.57%，扣除非经常性损益的
净利润由 −18.7 亿元变为 16.8
亿元。这意味着，重钢完成了
破产重整后第一阶段的战略目
标——成功"止血"，进入涅槃
重生的初级阶段。

① 宝武重庆钢铁公司生产流水线
② 宝武重庆钢铁公司生产车间一
　角
③ 宝武重庆钢铁公司生产车间全
　景图
④ 考察组一行在宝武重庆钢铁公
　司考察后和公司领导员工留影

第02节 冶金部第十八冶金建筑公司

1965 年 7 月 1 日，根据冶金部 "（65）冶基第 2509 号" 文件《关于成立第十八冶金建设公司的通知》的指示，重庆钢铁公司、重庆特殊钢厂所属建设安装公司划出，并入新成立的冶金部第十八冶金建设公司。1965 年 9 月，该公司正式落地于大渡口区的李子林，直到三线建设结束后的 1980 年才迁往九龙坡区的石坪桥荒沟，占地 304697 平方米。

冶金部第十八冶金建设公司（下文简称 "十八冶"）所属工程公司的基地分散在大渡口、九龙坡区李子林、水

① 冶金部第十八冶金
　建筑公司标志
② 变化的是不同历史
　时期的办公楼
③ 变化的是不同历史
　时期的办公楼
④ 变化的是不同历史
　时期的办公楼

①

②

碾、建设村、新山村、九宫庙及沙坪坝双碑长生沟等地。地处三区两厂（重庆钢铁公司、重庆特殊钢厂）。初建时只有6500人，1985年增加到12565人；时有机械设备684台。下属机构主要有土建一、二、三工程公司、机电安装公司、企业公司、机械化运输站。为冶金部西南地区一级建设企业之一。

十八冶从重庆钢铁公司、重庆特殊钢厂当中分离出来之后，业务管理和建筑施工更加专业和执着，也更好地发挥自己的专类建设之先锋模范和突击队作用。重庆钢铁公司三线建设时期的重钢四厂、五厂、六厂及其中的重点技术改造工程，最主要的建设者和参与人就是十八冶。

位于巴南区西彭的西南铝加工厂一、二分厂，厂区占地188万平方米，始建于1965年4月，生产性建筑厂房总面积11.4万平方米，设有熔铸、热轧、冷轧、压延、锻造等多个分厂。1978—1984年扩建的第二期工

③

④⑤

程，包括新建管棒型材分厂 11.4 万平方米及其他生活设施，参建的主要单位，也是十八冶。

　　1978—1985 年，十八冶参加了重庆特钢扩建的现代化工程——750 开坯车间和被列为国家"六五"计划重点项目的四辊冷轧车间 800 吨精锻机车间，包括加热、精锻、热处理、精整 4 个工段，建面 3 万多平方米。

　　十八冶下面有一家园林工程公司，前些年在我就任重庆园林行业协会副会长兼工程分会分会长时，他们经常过来向我咨询业务问题，我也曾经多次去十八冶参观考察。

当时十八冶的企业地址在杨家坪石坪桥正街特 1 号。他们告诉我：1985 年，十八冶施工产值业已达到了 7515 万元，竣工面积为 17.3 万平方米，实现利润为 299 万元，上缴税收 60 万元。

① 不变的是基层老职工的老宅
② 不变的是基层老职工的老宅
③ 不变的是基层老职工的老宅
④ 不变的是基层老职工的老宅
⑤ 不变的是基层老职工的老宅

第03节　重钢五厂

1964 年 9 月 30 日，冶金部决定：将鞍山钢铁公司第二中板厂的设备迁入四川，建设刘家坝中板厂，定名重钢五厂。

该厂的工厂设计，由马鞍山黑色冶金设计院为主，鞍钢设计院配合，做中板工艺部分设计。施工由第一冶金建设公司负责。工厂计划年产钢板 20 万吨，其中合金钢板为 2 万吨，碳素钢板 18 万吨。

重钢五厂全厂设备重量为 5564 吨，其中搬迁设备重

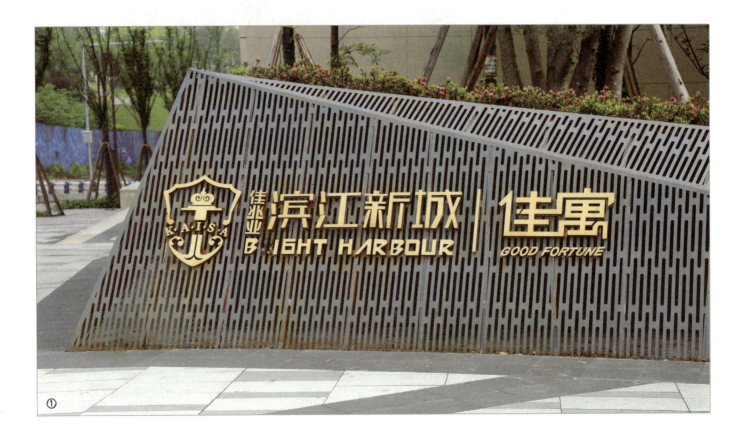

①

约 3252 吨，新增设备由鞍钢机修总厂制造，总重量为 2312 吨；占地面积 9 公顷，建筑面积 29700 平方米，主厂房面积 24045 平方米，总投资为 4785 万元。

鞍钢第二中板厂党委书记高祥泰，在鞍钢负责拆迁工作；厂长王云章坐镇重钢五厂现场指挥。第一冶金建设公司施工队到现场后，于 1965 年 1 月，组成现场指挥部和现场党委，由第一冶金建设公司经理白培兰和马鞍山黑色冶金设计院院长王家琪任总指挥，重钢党委书记王廉任现场党委书记，同年 3 月 5 日正式开工，1965 年 7 月所有设备运到现场。仅半年时间，主体工程建设基本完成，9 月开始安装设备，12 月 20 日正式投产。

① 重钢五厂原址
② 重钢五厂原址
③ 重钢五厂原址

第04节　重钢六厂

重钢六厂，又称"重钢刘家坝转炉厂"，它在1959年10月建成投产之后，又于1962年因贯彻国家"调整、巩固、充实、提高"的方针后停产。三线建设开始后，重钢六厂于1966年由重庆黑色冶金设计院进行改造设计：将化铁系统拆除，6吨涡鼓型转炉改为10吨氧气顶吹转炉2座，并增加增建制衬等设施。

重钢六厂的扩建施工单位是刚成立不久的冶金部第十八冶金建设公司。该项工程于1967年动工；1972年，

①

10 吨氧气顶吹转炉试生产，同年 11 月停止试生产。1978 年再增建混铁炉等，1979 年 5 月 1 日正式投产。主要设备有 10 吨氧气顶吹转炉 2 座，300 吨混铁炉 1 座，100 吨固定式吊车 1 台，3350 立方米／小时制氧机 1 台。

1983 年 12 月 13 日，由重钢三厂搬迁过来的 R6-1700 毫米弧型连铸机建成进行试生产。全厂设备总重量为 2637 吨，建筑面积 57878 平方米。

一个项目的技改扩能，前前后后花了二十多年时间，这当中的缘由太过复杂。现今的重庆钢铁被破产重组，宝武集团的核心只有一个，那就是经济效益为纲。

②

③

① 重钢六厂原址
② 重钢六厂原址
③ 重钢六厂原址

第05节　重钢耐火材料厂

　　重钢耐火材料厂系在原二十九厂六所的基础上改建而成的。其工艺比较落后，设备极为陈旧，布局也不够合理。具体位置在大渡口区的何家院一带，北邻成渝铁路，南靠长江，西接大渡口火车站，东至杨家码头。

　　耐火厂的前身是钢铁厂迁委会由武汉汉阳钢铁厂、大冶铁厂所属的"火砖部"，于1938年迁来重庆。

　　重庆解放后，该厂改为101厂第五场，再于1955年改名重钢耐火材料车间，1959年更名为耐火材料厂，下设

①

11 个科室、5 个工段。

重钢耐火材料厂生产各种不同规格、不同材质的耐火砖和耐火泥料，为重庆钢铁公司炼铁、炼钢、轧钢生产和平炉、加热炉提供各种耐火材料，是重钢的主要生产单位。

重钢耐火材料厂占地面积为 45000 平方米，建筑面积 26783 平方米，各种大小厂房 75 幢，木结构厂房占 63.7%，厂区有专用铁路和公路与重钢运输线网连接。

1985 年，全厂有重要设备 172 台（套），总重量 1181 吨，固定资产原值 1073 万元，净值 738 万元。全年生产耐火材料 34362 吨，总产值 979.6 万元，利润 103 万元。

① 重钢耐火材料厂原址
② 重钢耐火材料厂原址
③ 重钢耐火材料厂远眺

第06节 重庆冶炼利废加工厂

重庆冶炼利废加工厂是重庆钢铁公司所属重点集体企业，1980 年 8 月由重钢第二冶钢厂筹建：是时租用二炼钢厂的厂房，固定资产仅有 1.26 万元，职工 97 人，全年完成产值 5.3 万元。

1985 年，新建了厂房，购置了新的设备，当年完成 262.5 万元，利润 186.2 万元，并成功开发出新产品——碳化稻壳工程。随后又开发出与重钢配套的炼钢保温材料、209 发热剂、炼炉三涤料调管、连铸保护渣等产品。

①

1988年，该厂拥有房屋建设面积达到了5900平方米，固定资产308万元，全年完成了工业生产总值518万元，实现利税131万元。全员劳动生产率8912元，职工470人。与1980年相比，1988年固定资产增长了243倍，工业生产总值增长了86.7倍，实现利税增长了61.4倍，职工人数增长了3.8倍。

我在重庆制药机械厂劳动服务公司工作了10年，增长情况与重庆冶炼利废加工厂比较类似。现在总结起来无外乎三条：第一，紧紧依靠于主厂，"借船出海"；第二，一定要千方百计创造出自己的拳头产品，并与主厂营销渠道密切整合；第三，发挥自己资金使用灵活、现金额度不受限的优势。

① 重庆冶炼利废加工厂遗址
② 重庆冶炼利废加工厂遗址
③ 重庆冶炼利废加工厂遗址

第07节　重庆有机化工厂

重庆有机化工厂始建于 1958 年，原名重庆煤焦油厂。1961 年奉命准备续建，三线建设开始后的 1964 年予以正式续建，1967 年 1 月定名为"重庆有机化工厂"。

重庆有机化工厂主要产品年生产能力为苯酐 8000 吨、

苯酚 5000 吨，粗苯处理能力 8000 吨，另有聚酯树脂 1000 吨、古马隆树脂 400 吨、除草剂 500 吨。

此外，该厂还生产焦化苯、焦化甲苯、焦化二甲苯、粗制亚硫酸钠、苯磺酸、溶剂油、稀释剂、锅炉清灰剂、

①

除渣剂等，最终形成了以"三苯"为中心的系列基本有机化工原料体系。该厂的拳头产品——苯酐，一级品率长期保持100%。其技术指标，在全国同行业也处于较高水平。

多年来，由于这样那样的原因，重庆有机化工厂一直是一家亏损大户，后经技术改造和强化企业管理，才逐步跨入对国家有一定贡献的中型企业。1985年，该厂拥有职工1104人，占地14.3万平方米，建筑面积9万平方米，工业总产值2008万元，利润226万元，固定资产原值1815万元，净值1303万元。

① 重庆有机化工厂遗址
② 重庆有机化工厂遗址
③ 重庆有机化工厂遗址

第08节　重庆纤维玻璃厂

1970年，为了弥补市场保温材料制品的严重不足，重庆市物资局决定投资兴建一座超细玻璃棉厂。1973年建成投产，当时企业仅有员工120人，设备20台，固定资产2万元，工业总产值6万元，利润1万元，上缴税收1万元。

主要生产单一的有碱玻璃棉产品，企业正式定名为重庆玻璃纤维厂。

1988年，重庆玻璃纤维厂占地面积5061.9平方米，房屋建筑面积4774平方米，主要设备25台（套），固定资

①

产原值 297.6 万元，净值 198.5 万元，工业总产值 196 万元，利润 43.8 万元，时有职工 209 人。企业可生产有碱超细玻璃棉，普通超细无碱玻璃棉，空气净化用特种无碱棉和光导纤维等系列产品。

1988 年与 1973 年相比，其固定资产增长了 147.8 倍，利润总额增长了 42.8 倍，全员劳动生产率增长了 17.8 倍，职工人数增长了 74%。该厂 1973 年人均收入 167 元，1988 年，人平年工资收入为 1581 元，比 1973 年增长了 8.5 倍。

"一个企业不在于做强、做大，关键是要做活、做精。"当地老职工告诉了我们这样一个道理。

① 重庆纤维玻璃厂遗址
② 重庆纤维玻璃厂遗址
③ 重庆纤维玻璃厂遗址

第09节　重庆工业博物馆

　　我原来一直认为，瑞典的沃尔沃是一家只生产汽车的专业性公司。十年前，我带队重庆市园林企业家代表团考察这家公司时，首先参观的是沃尔沃公司制造博物馆。跃入我们眼帘的，是这家公司"一战"时生产的发动机，100多年后仍然闪闪发光，一点锈迹没有。

　　一家工业博物馆不仅改变了我对这家公司的认知，也改变了我对这个欧洲国家的认知。

　　重庆是一座在洋务运动后慢慢发展起来的老牌工业

①

① 重庆工业博物馆大门
② 重庆工业博物馆馆藏文物
③ 重庆工业博物馆馆藏文物
④ 重庆工业博物馆馆藏文物
⑤ 重庆工业博物馆卢作孚雕塑

①

②

城市，怎样较好地体现这段历史呢？原重庆市筹建的、计划位于南川区的三线建设博物馆，在时任重庆市长黄奇帆的大力支持下，于2015年动工选址异地重建。2019年9月28日，利用大渡口重钢型钢厂部分工业遗存，和原"重庆三线建设博物馆"已经征集到的一些遗存，建成了这座被列为全国第七批国家重点文物保护单位的重庆工业博物馆。

重庆工业博物馆共分为三大部分：主展馆，总面积8000余平方米；"钢魂馆"，占地5000余平方米；工业遗址公园，占地约42亩。镇馆之宝是1905年由英国生产的8000匹马力、双缸卧式蒸汽原动机。可惜的是，原长江电工厂的德国、英国两条制币生产线、众多记载着重庆工业的历史文物等，大都化为了重庆钢铁公司的铁水了。

重庆工业博物馆主要收集能够反映、记录重庆近现代工业发展六个历史阶段的代表性实物。主要包括机器设备、生产产品、文献资料、音像资料、专利技术资料、生产工艺、商标广告、生产生活用具用品等具有标志和典型意义的物质和非物质形态物品。这六个历史阶段分别为：起步时期（1890—1937年）；抗日战争时期（1937—1945年）；国民经济恢复巩固时期（1949—1964年）；三线建设时期（1964—1984年）；改革开放时期（1978—1997年）；直辖时期（1997年至今）。

① 重庆工业博物馆馆藏文物
② 重庆工业博物馆馆藏文物
③ 重庆工业博物馆馆藏文物
④ 重庆工业博物馆展览大厅

巴山蜀水

三线建设

重庆市南桐矿区企事业单位

2020 年的五一长假，生了病的太太给我提了一个要求：陪她去原南桐矿区、现在的万盛区度假。平常我忙自己该忙的活儿，节假日陪一陪生病疗养中的太太，也是应该的了。为此，开始了一周七天的度假生活。

太太与几个朋友吃了睡、睡醒了玩麻将，这是她们的乐趣。我对这个不感兴趣，就只有看书看电视消遣着。一天，太太突然觉得也该反过来陪陪我了，于是一大早我们来到了万盛丛林镇的一座茶山。从不同角度拍拍照，再喝了两个口味的茶，买了一点茶叶后，我就跟茶老板闲聊：除了石林、黑山谷之外，万盛这边还有什么耍的地方呢？茶老板告诉我：前面十来里地，有一座废弃的军工厂和海孔洞，后者还是全国重点文物保护单位呢。

对已经废弃了的叫晋林机械厂的老厂子，我没有概念；我感兴趣的倒是"全国重点文物保护单位"的名头。无论到了哪个城市，若时间允许，我都是要去看一看国宝——"全国重点文物保护单位"的。于是我开车带上太太，到了万盛丛林镇的晋林机械厂。

到了晋林机械厂，太太对于这些"破破烂烂，黑黢黢、脏兮兮"的场所一点儿兴趣没有，她就去后座开始午休去了。我提着两个镜头拼命地拍照，仔细一看，不知不觉地对工业遗存有了万分的兴趣：晋林机械厂是全国重点的三线企业，我可不可以下定决心，用三到四年的时间把整个万盛、整个重庆、整个西部跑下来呢？现在回过头来看，不到三年时间，我跑下来 1000 多家三线企业。真的是千里之行，始于万盛也。

第三章

第01节　国营晋林机械厂

重庆三线两会是重庆市党史研究会三线建设研究分会和重庆市工程师协会三线建设工业文化专委会的简称。前者的分会长叫陈宏奎，系重庆市三线建设调整改造规划办公室的老主任。他于1968年12月从北京理工大学毕业，被分配到了当时地处南桐矿区（今重庆万盛经开区）的国营晋林机械厂，从而开始了自己29年的三线建设生涯。

陈宏奎老会长告诉我们，他在晋林机械厂工作14年，历任工人、组织干事、团支部书记、车间指导员、党办兼

厂办主任，代理经营副厂长。三线建设的重点是建设以重庆为中心的常规兵器工业基地，共有 26 个项目并扩展到周围的 14 个区县、共 46 个企业和 8 个科研单位，累计投资为 15.23 亿元。"我所在的晋林机械厂就是第一阶段率先启动的'三炮一光'计划中的一个火炮厂，由山西太原老厂包建的。"

晋林机械厂所处的海孔村，其不平凡的历史可以追溯到抗日战争时期。中国人自行设计、自行制造的第一架国产运输机"中运 I 式"便诞生在这个地区。解放后至 20 世纪 60 年代，这里设有果园农场和海孔煤矿。再往后的三线建设时期，晋林机械厂落户于此，近万人的三线职工每天忙碌在这个山沟里，它比附近的丛林镇的集市还热闹。

考察调研最重要的是"接地气""冒热气"。当地老百姓告诉我们："抗日战争的时候这

① 国营晋林机械厂新厂正门
② 历史沉淀深厚的海孔洞
③ 历史沉淀深厚的海孔洞

重庆市优秀历史建筑
Heritage Architecture Chongqing

编号: 2016GY007

晋林机械厂旧址建筑群
Site of Building Complex of Jinlin Machinery Factory

建于1965年，西南大区风貌建筑。该建筑群包括厂房、招待所、学校等，功能齐全，具有典型的"大三线"建设特点，是在历史背景下"三线"企业封闭社会的缩影，是重庆工业发展的历史见证。

重庆市人民政府
二〇一七年四月

①

②

③

④

⑤

① 重庆市优秀历史建筑晋林
　机械厂旧址建筑群标志
② 旧址建筑留下的语录
③ 旧址建筑群

④ 旧址建筑群
⑤ 旧址建筑群
⑥ 旧址建筑群
⑦ 旧址建筑群

⑥ ⑦

里是制造飞机的地方，其周边山上有很多防空炮和隐蔽战壕。我们小时候还经常可以在那些地方捡到弹壳什么的，现在虽然业已长满了树木，但山上还是可以找到那些隐蔽战壕的遗迹的。"据悉，在1937年至1948年期间，"第二飞机制造厂"有正式职工1200人，民工200余人。1939—1944年仿制伊尔驱逐机3架，改进型30架；仿制H17型中级滑翔机30架，制造初级滑翔机6架。1944—1947年主要设计新机，该厂先后设计了"中运Ⅰ式""中运Ⅱ式"运输机。其中"中运Ⅰ式"属于中级双发运输机，于1944年10月在重庆白市驿机场试飞成功，它是中国自己设计制造的第一架运输机。

现在的海孔洞外面有一块平地，原来曾经是飞机制造厂的库房，解放初期还堆放着遗留下来的各种飞机配件，后来才被运走。当地的老百姓告诉我们：当年从海孔洞制造的飞机要运到重庆，也是一个艰难漫长的过程：需要先将飞机拆散，分批运到白市驿机场，再进行第二次组装后试飞，这个过程一般需要7天左右。

1965年2月，五机部复杂的选址程序走完后，部领导批准了在原四川省重庆市南桐矿区丛林公社海孔大队，以原存的"海孔洞"为中心，布局国营晋林机械厂。这是该厂的第二厂名，第一厂名曰"南川大口径榴弹炮装配厂"，军工代号157。该厂当时是直属五机部枪炮工业局管理的企业，后来才交给了四川省兵器工业局即西南兵工局领导。

晋林机械厂生产规模为54-1式122毫米榴弹炮500

①

②

门，瞄准具 1100 套，象限仪 1200 具，水准仪 500 具，双用唧筒 450 套。据 1996 年重庆市国防工办出版的《重庆市志·国防科技工业志》第 27 页介绍：最初产品为 1954 年 I 式 122 毫米榴弹炮，系仿苏 1938 年式 M30 型 122 毫米榴弹炮。由于该炮原设计落后，工厂在生产中多次组织技术质量攻关，对制动系统、刹车手柄等结构进行了改进，提高了战斗技术性能。

建厂初期，晋林机械厂全厂的建筑面积只有 4.44 万平方米，定员也只有 940 人，总投资为 1420 万元。但工厂投产不久，就发现了当初设计的重大漏洞，并迅速递交了《一五七厂项目扩建施工图设计修改说明书》，从而增加了炮身、反后坐装置、封锁机、平衡机、火炮随炮工具等。1968 年 11 月 13 日，五机部批准了这个方案，并将定员增加到了 1857 人，总投资增加到了 2501 万元。

经过增加投资和技术改造后的 122 毫米榴弹炮逐渐成为

我军的主力炮。在 1979 年对越自卫反击战中，该厂生产的 122 毫米榴弹炮成效显著，被誉为"功勋炮"。1975 年，一五七厂与二〇二研究所合作，开始研制新的 122 毫米榴弹炮。1981 年，五机部决定将 1959 年 I 式 130 毫米加农炮交一五七厂生产。经过全厂职工的共同努力，1982 年 12 月终于试制成功，投入了批量生产。

党的十三届三中全会以后，中央对军事工业提出了"军民结合、平战结合、军品优先、以民养军"的十六字发展方针。晋林机械厂在保证完成军品任务的前提下，大力开发民用产品，主要生产的民品有"菊花牌"自行车，XN80-1 型（女式）和 XMLW80-1 型（男女式）自行车，（TM）SC2030 重型载重汽车的轮边减速器及轮内制动装置等 4 个部件和 CX80 型摩托车减振器。

1988 年，晋林机械厂职工达到 2421 人，工业总产值 4009 万元。

由于交通条件的制约和出于生产成本的考虑，晋林机械厂于 1986 年 2 月向兵器工业部递交了《关于要求迁址重建解决在洞内生产等历史遗留重大问题以适应兵工体制改革需要的紧急报告》，获准将整座工厂迁到了成都市的彭州，从此告别了林林总总的大山三线生活。

2020 年 12 月 6 日，重庆三线两会组团造访了坐落于彭州的新的晋林工业制造有限责任公司，该厂领导接待了我们，并表示了对南桐矿区老晋林深切的怀念和不舍。

① 晋林机械厂搬至彭州的新厂办公楼
② 晋林机械厂搬至彭州的新厂生产车间
③ 晋林机械厂搬至彭州的新厂办公楼

第02节　国营平山机械厂

　　国营平山机械厂位于南桐矿区九龙村、峡口村、温泉村之间，军工代号为257，其第一厂名为"綦江大口径火炮炮身制造厂"。

　　该厂于1965年从内蒙古包头市迁到南桐矿区，同年12月中旬，工程基本完成，总投资1306.2万元，建筑总面积43133平方米，定员1085人。是生产152毫米加农榴弹炮上部、59式100毫米高射炮、122毫米榴弹炮、59式100毫米坦身管、69式2型100毫米坦身管、44型100毫

①

① 坐落在万盛平山产业园区
   的国营平山机械厂原址
② 国营平山机械厂遗址
③ 国营平山机械厂生产车间

①

②

米加农炮身管、WZ551 步兵战车三桥及传动轴等大型军工产品的军工企业。

建厂时出于防空安全考虑，平山机械厂生产车间全部建在山谷当中，且房顶全部涂成了黑色，最重要的第一车间，整体全部建在溶洞当中，故该厂又叫"洞子工厂"。

1985 年底，全厂有职工 2178 人，建筑面积 14.1 万平方米，固定资产 5606.3 万元，各类设备 2632 台套。1988 年后，该厂隶属于中国兵器装备集团公司。

在军民结合的过程中，平山机械厂生产过 C41-250C 型空气锤、正弦波刃铣刀、电容式吊扇、双色印刷机、Z512-2 型台式钻床、PSM90 型摩托车、SC2030 载重汽车三桥及传动轴、液压支架油缸及千斤顶、无机粘结剂、M4710 型双臂磨石机、Q-2 型切边机等。再后来，平山机械厂同渝州齿轮厂一样，被列入国家"七五"搬迁计划，并于 1990 年并入了大江工业集团公司。

① 国营平山机械厂生产设施
② 国营平山机械厂厂区环境

第03节　国营渝州齿轮厂

1966 年 8 月，中国人民解放军建字 21 支队 206 大队 3 区进入南桐矿区兴隆公社风岩洞地区施工现场，1966 年 11 月，经五机部正式批准，启用"国营兴无机械厂"厂名，其军工代号为 5047。1967 年 3 月，开始山洞工程施工。1970 年 5 月，建成工厂面积 40537 平方米，且全部设备安装到位，并进入调试和生产阶段。

国营渝州齿轮厂遗址

　　该厂主要生产的军品有WA703、59-100毫米高射炮引信自动侧合机等10个产品。全厂建筑生产厂房面积27100平方米，定员1081人，总投资1191万元。至1985年底，全厂有职工1584人，占地94972平方米，固定资产为2368万元，金切设备448台，年产齿轮200余万件。

　　国营渝州齿轮厂是兴无机械厂后来启用的新的厂名。20世纪该厂"军转民"走在了前面，其主要民品有XM50型摩托车传动箱，QL801打气煤油炉、CKQ20举高喷消防车分动箱和减速器、PSM90-1型摩托车齿轮件和发动机、WF自行车五级飞轮、BL15手抬机动消防泵、SC2030载重越野汽车零部件、XM50型摩托车轮盘、BJ130、BL212汽车齿轮件等。

　　1984年9月，被列入"七五"搬迁计划，于1995年并入了巴南渔洞镇的重庆大江工业集团公司。

① 80 年代的国营渝州
　 齿轮厂
② 80 年代的国营渝州
　 齿轮厂员工培训
③ 80 年代的国营渝州
　 齿轮厂生产车间
④ 国营渝州齿轮厂生产
　 的产品
⑤ 国营渝州齿轮厂遗址
⑥ 国营渝州齿轮厂遗址
⑦ 国营渝州齿轮厂遗址

第04节　中国人民解放军508库

　　1971 年的夏天,营山县人民医院营养小食堂的钟班长,领了一位叫钟杰的高中毕业生来我们家,想通过父亲找军队开"后门",把他弄进去当兵。父亲当时是营山县人民医院的"一把刀",跟当时营山县人民武装部的政委是好

朋友,而且营山县每年征兵体检都是父亲做"主检"。

　　钟杰这个小伙子确实不错,1972 年我们回了重庆,他也经常抽时间来探望父亲,并带来一些他们部队自己种的副食品之类的小东西过来。一次记得钟杰告诉过我们,他

①

① 解放军 508 库大门
② 解放军 508 库后门
③ 解放军 508 库军事管制区标志

们部队刚改了番号，叫五九五〇八部队，就在重庆市最边远的、靠近贵州的一个叫南桐矿区的地方，具体的单位就是今天这个"中国人民解放军508库"，是专门储备重要军事物资的仓库。

　　1975年的下学期，我们重庆市第四十一中（今巴蜀中学）高一级的300余位同学和老师，乘火车来到了位于南桐鱼田堡的四十一中南桐战备分校学习。一个星期天的上午，我没有费多大的精力就找到了钟杰所在的部队，距离万盛火车站不远处。在门岗登了记，不多一会儿，得到通知的钟杰就高高兴兴地接我到508库做客去了。

　　从四十一中南桐战备分校去到508库虽然还算比较顺利，但时间已是临近中午，钟杰留我在他们营房坐了一会儿，就

① 解放军508库库房遗址
② 解放军508库库房遗址
③ 解放军508库库房遗址
④ 解放军508库库房遗址
⑤ 解放军508库库房遗址

去伙食团登了个记，专门给我领了一大份中餐过来，里面的肉不少，油水也很足。我有点像猪八戒吃人参果，还没有来得及品味，一碗饭就被全部吞咽下去了。

2021年8月7日，当考察完多个原南桐矿区的三线企业遗址之后，在返回黑山谷的路上，我突然看见了一个大大的指示牌，指向508库，四十年前我曾经去过的影像一下又全部涌现在我的脑海里。我立刻决定，无论再花多长时间，我都要去仔细看一看这个当年的军事禁区——508库现在的模样，哪怕是它今天破败了，门可罗雀了。在我的心目中，它永远是美丽、厚重的。

① 解放军508库库区一角
② 解放军508库生活区遗址

第05节　南桐矿务局

1956年10月，南桐矿务局筹备处成立；1957年11月1日，南桐矿务局正式成立。隶属于重庆市煤炭工业管理局，辖南桐煤矿、东林煤矿，并负责领导鱼田堡、砚石台、红岩等煤矿以及松藻一矿、干坝子洗选厂、南桐中央机修厂的建设，局机关设办公室、人事科等12个科室。1959年9月1日，南桐矿务局撤销，下属矿、厂划归重庆煤炭管理局直接领导。

三线建设开始后，于1965年3月19日又恢复了南桐

南桐矿务局迎宾楼

矿务局，改隶属四川省煤炭工业管理局；辖南桐、红岩两矿和直属一、二、四井及南桐电厂。"文化大革命"开始后的 1967 年，中国人民解放军 7808 部队进驻南桐矿务局；1968 年 10 月，"南桐矿务局革命委员会"正式成立，设人事、生产、后勤、保卫"四组"及"一部"（武装部），实行"革委会"一元化领导。直至 1979 年"革委会"撤销，恢复党委领导下的局长负责制。

　　1983 年 7 月 1 日，重庆市煤炭管理局撤销，成立重庆市煤炭工业公司，南桐矿务局隶属于重庆煤炭工业公司。1984 年 1 月 1 日，经国家经委批转，南桐矿务局划归煤炭部，属统配矿总公司。1985 年，南桐矿务局辖南桐、东林、鱼田堡、砚石台、红岩 5 个煤矿和电厂、机修厂、南桐洗选厂 3 个厂，局机关 20 个处室办。

① 南桐矿务局六角亭
② 南桐矿务局假山景观
③ 南桐矿务局办公楼
④ 南桐矿务局标志

第06节 南桐煤矿

南桐煤矿是南桐矿务局最古老的矿井之一，它始建于1938年，系国民政府军政部兵工署、经济部资源委员会合办的钢铁厂迁建委员会下属企业，有"抗战煤都"的美誉。

1949年11月26日解放后，被人民政府接收为国营煤矿。这之后，特别是三线建设期间，党和政府对南桐煤矿给予了多次大规模的投资，对其进行技术改造和扩建，到1990

①

年末，全矿拥有职工 6639 人，固定资产原值 6561 万元，净值 3694 万元，年产原煤 80 万吨，精煤 53 万吨。

据《南桐矿务局志》记载，重庆南部一带，从清道光年间就有了开采煤炭、炼制炭花的历史。在贵州桐梓和四川南川交界处有着丰富的煤炭资源，特别是王家坝（南桐镇）到胡家嘴一带，焦煤资源最为集中。

抗日战争时期，为了解决大后方的钢铁、军工企业的能源所需，国民政府于 1938 年 3 月在汉口就成立了南桐煤矿筹备处，委派侯德均为筹备处主任。7 月 8 日，筹备处全体人员从汉口入川。8 月，在桃子荡设办公处。

一开始，筹备处四处收购小煤窑，相继征购了王家坝陈介清土井和减堂（即"赶塘"）

① 南桐煤矿办公楼正面
② 南桐煤矿综合楼
③ 南桐煤矿办公楼侧影

霍书舫土井。经改造，当月就产出第一批原煤。

但土井原煤产量远远不能满足重庆钢铁工业的需要。筹备处开始征购土地，进行一分厂、二分厂和较大型生产矿井的建设。1938年9月，投资法币1000万元，始建南桐煤矿，并划定矿区面积1018公顷14公亩77公厘。

据记载，1938年12月开工的王家坝2号竖井，仅半年就建成投产，成为当时区境第一座机械提升的生产矿井。同年11月开工的胡家嘴3号竖井，于1940年1月建成投产，是区境机械化程度最高、向地下开掘最深的矿井。

随着2号、3号竖井相继投产，南桐煤矿已拥有大小生产井口5对。1940年，原煤产量从上年的5000吨上升到5万吨。1941年，突破9万吨。1942年，达到12万吨的最高年产量，成为当时中国（敌占区除外）最大的煤炭工业基地，这为推动重庆战时工业体系的形成作出了巨大贡献，"抗战煤都"称号也由此而来。

1940 年 3 月 1 日，南桐煤矿筹备处改称"军政部兵工署、经济部资源委员会钢铁厂迁建委员会南桐煤矿"。1946 年 5 月，南桐煤矿精简机构，职工从 4000 人压缩至 1100 多人。1948 年 3 月 1 日，南桐煤矿改称"联勤总部兵工署第二十九兵工厂第一分厂"。1949 年 7 月 1 日，复称"联勤总部兵工署第二十九兵工厂南桐煤矿"。综上所述，南桐煤矿系为抗战而建，其间国民政府对南桐煤矿共投资法币 1930 万元，1938—1949 年，其产原煤 82.65 万吨、焦炭 21.82 万吨。

1949 年 12 月 14 日，中国人民解放军重庆市军事委员会派负责綦江、万盛地区的军队总代表孔勋等入住南桐煤矿。月末，南桐煤矿由重庆工业部

① 南桐煤矿生产区
② 南桐煤矿宣传栏
③ 南桐煤矿立地条件
④ 南桐煤矿篮球场

①

②

③

接管，隶属于西南工业部。经资产清理评估，南桐煤矿资产总额为旧人民币 220 亿元（折合新人民币 220 万元），时有职工 1500 人，全年产煤只有 3.45 万吨。1951 年 2 月 1 日，南桐煤矿更名为"西南工业部第四〇一煤矿"；1954 年 1 月 1 日又改称"国营南桐煤矿"。

1951 年 7 月 1 日，南桐煤矿一井平硐至洗炼厂全长 3000 米的架线式电动车通车，成为西南煤矿工业机械化的开端，时任重庆市市长曹荻秋、西南煤炭工业管理局局长孔勋等领导，参加了隆重的通车剪彩仪式。1956 年 10 月，南桐煤矿一井、三井合并改扩建工程竣工，共投资 480 万元。1957 年 11 月，南桐煤矿隶属于南桐矿务局管辖。

1965 年，全国性的三线建设轰轰烈烈地开始之后，南桐煤矿对内部资产、资源进行了一次大的清理和调整充实。为了提档升级和扩大产能，1970 年 2 月，南桐煤矿动工兴建了青年矿井。1974 年 11 月 25 日建成投产，编为南桐煤矿三井，首次投入基建资金 1038 万元。青年矿井的设计能力为 15 万吨 / 年，加之三线建设已使原来南桐煤矿的一井、二井之矿井深度得到延伸；1985 年，南桐煤矿全矿的核定生产能力已经达到了 60 万吨 / 年的水平。

① 南桐煤矿生产区
② 南桐煤矿生产区
③ 南桐煤矿生产区
④ 南桐煤矿生产区
⑤ 南桐煤矿生产区

第07节　东林煤矿

　　东林煤矿距南桐矿务局局机关 1.5 千米，是重庆去黑山谷走前山的必经之路。矿内有长 2.5 千米的铁路专线与三江至万盛的铁路终点站——万盛火车站相连，有公路与川湘公路相接，交通非常方便。

　　东林煤矿的矿井现址，是三线建设之后的 1965 年 4 月补套工程结束后正式投的产，原来该矿的设计能力是 45

①

万吨／年，补套工程完工后，矿井提升能力仍然达不到设计能力，1966 年核定的生产能力只有 30 万吨／年。从 1941 年至 1990 年，全矿累计生产原煤 1212 万吨；1949 年至 1990 年，工业总产值为 4.08 亿元。1979 年 11 月，被中共四川省委、四川省人民政府命名为"大庆式企业"。

东林煤矿也是南桐矿务局最古老的煤矿之一，它始建于 1938 年。解放后，1951 年被公私合营；1957 年 12 月正式改为国营煤矿。1963 年底，老矿井结束了开采历史。三线建设一开始，它就转移到现目前的矿址进行第三次创业。目前的东林煤矿是二叠纪龙潭煤系，其中 4 号层属主采层，平均厚度约 2.4 米，但具有煤于沼气普遍突出的危险。6 号层属保护层，

① 东林煤矿大门
② 东林煤矿办公楼

②

平均煤厚 1.2 米。井田内煤质一般硫的含量较高，煤质牌号主要为焦煤、瘦煤、贫煤和肥煤。

三线建设开始后，东林煤矿的机械化生产程度和生产工艺水平得到了不断的提高。矿井采用竖井阶段石门开拓，采用底板岩石系统一阶段石门—无煤柱开采方式布置之。采煤方法走向长臂、掩护支架法。落煤工艺为放炮落煤和风镐、手镐落煤并用，装岩机械化程度也达到了 50% 以上。这个时候，矿上、矿下运输也都上了一个台阶，采用防爆蓄电池机车运输了。

东林煤矿根据自身的企业特质，培育了"从严要求，团结拼搏"的矿风。东林煤矿还十分注重矿工的文化生活，建有面积为 1400 平方米的俱乐部 1 座，图书阅览室 1 座，光

① 东林煤矿生产区
② 东林煤矿生产区
③ 东林煤矿生产区
④ 东林煤矿生产区
⑤ 东林煤矿生产区
⑥ 东林煤矿生产区

"文化活动室"就有 21 座。以增强职工的企业精神和主人翁责任感。

1990 年，它的实际原煤产量为 29 万吨，工业产值 735 万元，时有职工 2857 人，固定资产原值 3221 万元，净值 2209 万元，主要设备 1612 台（件）。

游走在宽广的东林煤矿之中，我一直在思考着一个问题：现在我们制订了"碳达峰""碳中和"的奋斗目标，但它怎么能够简简单单地与伴随我们一起生活了几百上千年的煤炭行业对立起来呢？我们可不可以多下些功夫，用更加科学、更好的管理来化消极因素为积极因素呢？

① 东林煤矿职工住宅楼
② 东林煤矿运动场

第08节 鱼田堡煤矿

1976 年，我在位于南桐的 41 中学战备分校读书时，在鱼田堡煤矿实习了整整一个月时间。虽然没有下过井，都是在井上擦擦设备，给矿灯充充电，做做清洁卫生什么的，但毕竟天天都能跟一线矿工们接触，对煤矿工人的工作条件和环境，对他们的精神和物质生活多少还是知道那么一点儿的。加之喝了不少鱼田堡的浓豆浆，吃了不少鱼

鱼田堡煤矿大门

第二章 重庆市南桐矿区企事业单位

①

田堡的大馒头，看了好几场鱼田堡的露天电影，所以一辈子忘不了它了。

回到重庆之后二十年，作为一班之长，我配合我们的班主任李明老师，回去过一次41中战备分校。那时候的鱼田堡煤矿还是热火朝天的，改革开放后，矿山的生产条件、工作环境和矿工收入，也得到了极大的改善和提高。我们回忆过去在鱼田堡煤矿的生活场景，大家还是有说有笑的。矿工师傅们告诉我们：再过二十年你们再回来看看吧，那时候的矿山一定很现代化了，一定会非常漂亮的了。

2021年8月17日，我们一家四口人去原来的南桐、现在的万盛黑山谷度夏，一大早从重庆出发，到了黑山谷吃午饭。中午休息了一下，我就独自一个人驾车，带着一种寄托和渴望——我终于又过了一个二十年来到了鱼田堡煤矿。大门还是那座大门，广场还是那座广场，高高的烟囱，一幢接着一幢的厂房和办公大楼，一

① 鱼田堡煤矿办公楼
② 鱼田堡煤矿竖井全
　毁
③ 鱼田堡煤矿竖井工
　作区
④ 鱼田堡煤矿竖井核
　心区

①

点没有变。但变化最大的是：原来川流不息的矿山变成了门可罗雀的矿山，真的是静得有些怕人。

　　鱼田堡煤矿位于南桐矿区中部，距南桐矿务局有 3.2 千米。鱼田堡煤矿是由鱼田堡河而得名，这条河由 41 中学战备分校所处的南面，向北跨越矿井中央的东侧流过。矿内老的川湘公路和三（江）万（盛）铁路横贯其中，交通十分方便。鱼田堡煤矿的中央，有一对竖井，其设计能力为 60 万吨／年，核定生产能力为 45 万吨／年，1990 年就有职工 2987 人。

　　鱼田堡煤矿成立于 1958 年，至三线建设扩大产能前，

它都是简易投产，生产技术比较原始，机械设备也比较落后。三线建设开始后，原来鱼田堡、东林、砚石台"三矿合一"的局面立即改观：1965 年，鱼田堡煤矿当即改为南桐矿务局直属一井，随后，鱼田堡煤矿的名称也得到了恢复。原来的煤矿掘进使用人抬风钻干打眼放炮、人工装矸、人力运输，产量一直上不去。三线建设国家投巨资，使用水湿风钻，气动支架，铲斗机和耙斗机装矸，其掘进机械化程度达到了 67.2%。

　　鱼田堡井田为竖井石门开拓方式，直径 5 米，配 4 吨箕斗；副井直径 6 米，配 2 吨单层罐笼。主井提煤，副井

提人及物件。再后来，阶段性水平设置环形井底车场，主石门直接连通东西两翼集中运输大巷。

据1994年成都科技大学出版社出版的《南桐矿务局志》统计：1958年至1990年，鱼田堡煤矿累计生产原煤1224.22万吨，完成工业产值2.99亿元，上缴国家税金766万元。

① 废弃了的鱼田堡煤矿职工住宅楼
② 残存的记忆
③ 鱼田堡煤矿火车站牌

第09节　红岩煤矿

2020年5月，我开始跑南川的三线建设单位时，去到了南川的海军装备的911库。那个道路非常曲折，我还找了一位曾经在911库做过临时工的"老民兵"做向导，比从綦江赶水去贵州桐梓的"九十九倒拐"还难走。特别是中途会了一次车，我的车有半个轮子挂到了悬崖上。抵达目的地后，"老民兵"告诉我：河对岸就是南桐矿务局的红岩煤矿，现在911库也划给了红岩煤矿。

说真的，当时我去到的911库和它对岸的红岩煤矿，

①

真是建到了密林最深处：从天空中看下去，不管是侦察机还是卫星，绝对看不到任何东西。从这个角度来说，我初步得出了一个结论：决策者是把红岩煤矿作为一个战略燃料储备库，同海装的911库相提并论的。

在911库转了一大圈之后，原路返回的路上，我们顺带捎上了一位40岁多一点的原红岩煤矿女同志，看来她还是有些文化，很有条理地给我们介绍了一些红岩煤矿的基本情况。这个矿是重庆市能投集团统配煤的重点煤矿，生产设备非常现代化，正式职工的劳动报酬还是可以的，煤矿管理也非常规范。

去年我就想抽个时间，去红岩煤矿仔细考察考察的，可是一直没有忙得过来。现在我们重庆三线两会业已基本完成了2021年的考察调研计划，按照这个计划，重庆地区三线建

① 红岩煤矿内大门
② 红岩煤矿办公楼
③ 红岩煤矿外大门

②

③

①

设原计划的第一卷就是重庆市中区和当年的南桐矿区了，所以 2021 年 10 月 18 日一大早，我就独自一人驾车，到早已心仪的红岩煤矿去考察了。

　　红岩煤矿位于原南桐矿区的北部，距矿区中心 10 千米。南桐矿区的丛林镇有个红岩村，红岩村里面又有一个红岩寨，红岩煤矿就是以此而命名的。

　　这个煤矿是在纯正的三线建设时期当中的 1965 年 12 月 25 日正式投产，矿井的设计能力为 81 万吨／年，全矿有一对矿井，一座硫铁选矿厂（年回收硫精砂为 1.5 万吨）。红岩矿井田煤系地层二叠纪龙潭煤组，含煤 6 层；可采层

为 6 号层，煤厚 2 米；4 号层局部煤厚 0.6 米（未开采）。所采煤层属高硫煤，煤种为肥煤和焦煤。

　　红岩煤矿矿井开拓方式为平硐斜井多水平分区式。井巷掘进采用风钻钻眼爆破法；全岩掘进装载在 1966 年前，采用掏扒人工装矸，后采用铲斗车装矸机装载了。红岩煤矿不同区域煤层均采用采区前进、区内后退式布置开采。红岩区采用人为倾斜柔性掩护支架倒台阶、仓储式采煤法；丛林南区采用走向长臂采煤法，丛林北区采用走向长臂倒台采煤法。落煤工具，在 1985 年前，主要采用风镐；1985 年后，普遍使用 100 型、150 型割煤机了。采区运输主要

机电车间 安全生产

① 红岩煤矿工作区
② 红岩煤矿生产作业区
③ 红岩煤矿生产作业区
④ 红岩煤矿生产作业区
⑤ 红岩煤矿生产矿车

①

②

采用刮板运输机、皮带运输机运输。

红岩煤矿采用小井形式迁深采区；矿中开矿，以期扩大生产能力。红岩煤矿全部实现高档普采，使矿井产量达到了60万吨／年。红岩矿充分利用川湘公路，万（盛）南（川）铁路通过新风井地区的地理优势，同时大力发展服务业、修配业和加工制造业。1990年末，红岩煤矿有职工4113人，固定资产原值为4736万元。

国家有过年产10万吨以下的中小型煤矿，为淘汰"落后产能"，均予以关闭并转的规定。如今的红岩煤矿业已年产几十万吨，成为重庆统配煤矿的绝对主力煤矿，他们做梦也没有想到，因为松藻煤矿和吊水洞煤矿的两次矿难，重庆市主要领导被中央约谈之后，就被以"淘汰落后产能"的名义予以关闭了。

① 红岩煤矿俱乐部
② 废弃了的红岩煤矿职工住宅区

第10节　砚石台煤矿

从万盛开车去红岩煤矿，首先得经过资格更老的砚石台煤矿，但我不为所动，还是先去的红岩煤矿。上午把红岩煤矿考察调研工作做完以后，还没有来得及吃午饭，就开始了我的砚石台煤矿之行。

砚石台煤矿于1958年9月15日动工修建，次年10月1日简易地投产。其井田地层为二叠纪龙潭煤组，井田

砚石台煤矿办公区

①

②

南接东林煤矿，北接红岩煤矿。煤层不规则，可采二层即4号层和6号层。

从大一点的方位来说，砚石台煤矿地处南桐矿区的北部，其矿井设计能力45万吨／年，核定生产能力为35万吨／年。万（盛）红（岩）公路、铁路纵贯其里，交通十分方便。1990年末，全矿有职工2708人，固定资产原值2049万元，净值为1344万元。1990年生产原矿36.5万吨，按1980年不变价计算，其产值为877.54万元。它的煤种以肥煤为主，也有少量焦煤，并有丰富的硫铁矿与之伴生。

砚石台煤矿矿井开拓为平硐和明斜井，分南北两翼集中运输大巷与主石门相通。掘进使用气动支架水湿风钻打眼；但需人工装渣，产量非常有限。大规模的三线建设开始后，国家投重金对其进行技术改造，以期提高其产能。1964年以后，它就使用铲斗装岩机、耙斗机装渣、电动机车运输了。再后来它的气动支架就全部改成了

① 砚石台煤矿办公楼
② 砚石台煤矿周边环境
③ 砚石台煤矿生产作业区
④ 砚石台煤矿生产作业区
⑤ 砚石台煤矿生产作业区
⑥ 砚石台煤矿生产作业区

金属支柱，安全生产更有保障。

　　砚石台煤矿矿井采区以双翼采区形式联合布局，轨道上山和回风上山布置在岩层中间。70年代末，下煤上山由本煤层改设在底板长兴灰岩之中；分区段石门，采用区内后退式由上而下开采。三线建设前使用标枪和手镐落煤，大巷机车运输，采煤工艺为长臂采煤法和倒台阶采煤法。三线建设之后，该矿对急倾斜煤层采用正台阶分段密集和俯伪斜分段采煤法，效率得以大大提高。

　　80年代末、90年代初，砚石台煤矿推行了单体液压支柱支撑；机械回柱、全部陷落法管理顶板。矿井生产和辅助生产，包括抽风、压风、排风、提升、运输等，全部实现了电气化。矿井照明也全部采用了防爆灯，地面通信都全部使用了矿井专用自动电话。1987年，砚石台煤矿被中国统配煤矿总公司、重庆市政府授予了"质量标准化井""文明单位"光荣称号。

　　1994年成都科技大学出版社出版的《南桐矿务局志》第600页记载：1959—1990年累计生产原煤1024万吨，完成工业总产值（按1980年不变价计）5.94亿元；累计上交税金550万元。煤炭主要用于局内洗选甲级精煤和销售给铁路、水泥制造等省内外用户。

　　2021年10月18日，我一边考察砚台子煤矿，一边跟显得万般无奈的留守矿工吹"龙门阵"。显然，他们对这样的国营煤矿进行人为的关闭，心中有十二分不甘。

①砚石台煤矿生活区
②砚石台煤矿生活区

第11节 南桐洗选厂

南桐洗选厂坐落在南桐矿区腰子河畔,与万盛火车站隔河相望,有公路、铁路与局属各矿相通,外连川湘公路、三(江)万(盛)铁路。洗煤车间是其主要生产车间,下属还有机电、硫精砂、装卸、质检等4个车间。1990年末,有职工714人,固定资产原值2160万元,净值1648万元。1990年,生产精煤37万吨,电煤58万吨。

南桐洗选厂的前身是东林煤矿洗选厂、万盛焦化厂,始建于1958年3月。三线建设开始前,产品单一,只生

南桐洗选厂大门

①

产乙级精煤。三线建设开始以后，国家投资进行了大量的技术改造，开发了甲级精煤；再后来又开发了硫精砂产品，并建立了年产 3 万吨的硫精砂生产车间；最后，扩大产能，达到了年产 120 万吨洗选原煤的生产能力。

　　南桐洗选厂担负着东林、鱼田堡、砚石台、红岩 4 个煤矿的原煤加工处理任务，其加工处理的煤炭，主要销往重庆钢铁、军工、电力、建材等行业。除此之外，南桐洗选厂的部分煤炭还远销重庆市外的 10 多个省市和地区。

　　1965 年至 1990 年末，该厂生产甲级精煤 174 万吨。1972 年至 1990 年末，完成工业产值 3.43 亿元，实现利润 3899 万元。

① 南桐洗选厂办公楼
② 南桐洗选厂生产区
③ 南桐洗选厂护卫队
④ 南桐洗选厂住宅区

第12节 南桐电厂

南桐电厂是"南桐矿务局坑口电厂"的简称，它肩负的是南桐矿务局全系统的生产、生活用电并向地方电网供电的双重任务。

南桐电厂位于南桐矿区的桃子凼，厂区公路与川湘公路相连，厂里的专用铁路线与三(江)万(盛)的铁路线相连，交通十分便利。

1952年，南桐电厂在桃子凼筹建厂房，安装设备。1953年5月正式投产发电。全国性的三线建设开展后，

①

经过多次改扩建，其装机容量已经增加到了1.2万千瓦，其供电系统陆续建成万盛、红岩、砚石台、鱼田堡4个35千伏变电站，架设35千伏线路10条，6千伏线路9条；安装35千伏变压器10台，6千伏变压器19台。

1978年开始，南桐电厂先后将两台链条炉改为沸腾炉，且利用煤矸石发电。截至1990年，电厂利用尾矸14.88万吨；兴建了5号、6号炉炉灰回收装置和9号、10号炉除渣系统。将含有一定可燃物的炉灰回收起来供沸腾炉燃烧再用，仅此一样，每年就节约用煤5760吨以上。

据相关资料查证：南桐电厂除渣系统，每年回收沸腾炉炉渣1.6万吨，供沸渣砖厂及水泥厂等作为生产原料；设计年产1000万匹砖的沸渣砖

① 南桐电厂生产系统
② 南桐电厂办公楼
③ 南桐电厂发电设施

②

③

第二章　重庆市南桐矿区企事业单位

① 南桐电厂外环境
② 南桐电厂厂区
③ 南桐电厂大烟囱
④ 南桐电厂发电设施
⑤ 南桐电厂厂区铁路

③

④

⑤

厂于 1989 年 4 月投入试生产。1987 年，新上改扩建项目 2×6000 千瓦煤矸石发电机组扩建工程，第 1 台 6000 千瓦机组于 1990 年 8 月 10 日并网投入运行。由此可见，简单地把为我们贡献了上千百年历史的煤炭和煤电归为"落后产能"一刀切是不科学的。

南桐电厂在继续完成 2×6000 千瓦煤矸石发电机组扩建工程第 2 台机组的安装后，90 年代再扩建了 2×6000 千瓦煤矸石发电机组，淘汰了 2×1500 千瓦的旧机组，并对供电系统进行了升级改造，从而形成了南桐矿务局自发自用自供网络。90 年代末，南桐电厂装机容量已达 3 万千瓦，发电量达到了 1.5 亿千瓦小时。

1990 年，南桐电厂有正式职工 612 人，其平均住房面积 7.3 平方米；电厂的环境绿化覆盖率 26.5%，其固定资产原值 1533 万元，净值 559 万元。主要设备 22 台套，工业总产值 306 万元。

据 1994 年成都科技大学出版社出版的《南桐矿务局志》记载：1953—1990 年，累计发电 14.77 亿千瓦小时，完成工业总产值 9302 万元，累计上交利税 2216 万元。1990 年，获得第三届"中国煤炭工业优秀企业管理奖"，同年晋升为"煤炭工业省级先进单企业"。

第13节 重庆钢球厂

重庆钢球厂是全国当时轴承行业五大钢球专业生产厂家之一，为机械电子工业部重点企业。

"重庆钢球厂在哪里？"问十个南桐人，有八个不知道，两个年老一点儿的同志告诉我：在跃华玻璃厂的后面，早就开发了哟。

考察调研三线企业的魅力就在于有众多的不知道。你要把它搞清楚就得深入实际，亲力亲为，沉下去才有所得。

多下几次车打听，终于找到"熄了火"的重庆钢球

①

厂——它不仅没有被开发，而且还几乎完整地摆在那儿。

重庆钢球厂是原一机部为加强三线建设，于1966年7月新建的一个项目，原来取名为"南桐轴承厂"，不久又改名叫"重庆第二轴承厂"。1967年6月，四川省计委正式下文，定名为"四川农用钢球厂"。1978年8月，更名为"重庆钢球厂"，改属重庆市机械工业局领导。

建设重庆钢球厂，国家先后投入817万元。原设计纲领为年产钢球3亿粒，1970年开始试生产，当年即试生产出滚珠轴承钢 φ5.56 至 φ11.50 毫米组距的 III 级钢球。1971年正式投产，主要生产 φ4 至 φ14.14 毫米组距内 II-E 级钢球。自1970年试生产至1978年间，受"文革"动乱的影响，生产发展缓慢，连年亏损。

党的十一届三中全会后，重庆钢球厂进行了大规模的整顿和各项改革，1979年开始扭

① 重庆钢球厂厂大门
② 重庆钢球厂生产车间
③ 重庆钢球厂生产设备

②

③

第二章 重庆市南桐矿区企事业单位

①

②

亏为盈。1980 年以来，企业根据以需定产的原则，广开门路，扩大品种规格，生产了轴承钢球、碳钢球、渗碳钢球、纯钢球、非标钢球，并努力扩大了精研钢球品种。迄今为止，该厂先后生产了 φ2-φ50 毫米组距的滚珠轴承钢、碳钢、渗碳钢、纯铁、铝、铅、铝合金、不锈钢、不锈钢空心浮球、硬质合金、铜等不同材质的十多个品种。

"六五"期间经原一机部批准，追加投资 320 万元，对重庆钢球厂又进行了较大规模的技术改造，扩建了生产基地，充实了关键设备，基本上解决了工程不配套、工艺布局不够合理等历史遗留问题，并进一步完善了检测手段，使生产条件得到了一定的改善。经过提档升级后，该厂按 GB308-84 国家标准、国际等级标准生产了 G10-40 级质量等级的 120 多个规格的金属钢球。为全国机械、军工、轻纺、化工、航天、国防、科研、冶金、能源、交通等部门进行配套服务。

1988 年底，重庆钢球厂拥

有职工 810 人，其中各种专业技术人员 124 人；固定资产原值 1426 万元，占地面积 6 万平方米，其中生产建筑面积 2.07 万平方米；专有各种设备 498 台，其中主要专用设备 282 台，主要检测设备 25 台。全年生产工业钢球 2.38 亿粒，完成工业总产值 922.38 万元，实现利润 200.98 万元。

"七五"期间，该厂被列入三线调整计划，设计投资 1650 万元，由南桐矿区原址迁到了重庆石桥铺二郎路 100 号。

① 重庆钢球厂生产车间
② 重庆钢球厂生产车间
③ 搬迁至二郎后其车间厂房已经被房地产开发了
④ 重庆钢球厂家属区依然在
⑤ 重庆钢球厂依然在的幼儿园

第14节　重庆无线电专用设备厂

①

我在江北工作生活了23年，知道江北黄泥磅曾经有一家企业叫无线电专用设备厂（下文简称"无专厂"），但是从来没有接触过，对它知之甚少。在整理南桐地区三线建设资料时，我偶然发现这家企业的根在南桐，于是费了九牛二虎之力，终于找到了这家企业在南桐矿区的原址。

继2021年8月8日去到无专厂在万盛的原址之后，11月6日，一个星期六的上午，我和王强、桂斌赶到了江北黄泥磅无专厂。原来的厂区因破产早就被变成了高楼林立的住宅区，望房兴叹一番后，我们开车直接进入了它的家属区，转了一大圈，终于找到了一位名叫唐永泽、今年88岁的无专厂退休老职工，他详细地给我们介绍了无专厂的基本情况。

重庆无线电专用设备厂在南桐区的厂址位于南桐区的西部地区，属全民所有制企业。它是于1958年4月由万盛铁作社、桃子红炉社、青年铁作组合为的地方国营万盛机修厂。唐永泽老人原来在市中区的华新铁工厂工作，当时市中区有一个规划，要把所有的企业全部迁出去，他们厂响应组织号召，全部从市中区搬到南桐矿区，支援建设矿区去了。

1959年，重庆市中区华兴铁工厂并入南桐矿区后，万盛机修厂就改名叫"重庆市南桐矿区红旗机器厂"。1962年11月，划归了重庆市机械工业局。三线建设开始后，该厂进行了大规模的技术改造，添置了金属切削机床91台，锻压设备16台，动力机械总能力达到了2550千瓦。

"三线建设时期，我们厂逐渐壮大了起来，工厂建立了比较规范的热处理、铸工、锻工、机械加工、恒温、机修、净化分厂等生产车间，固定资产原值达到了861.9万元。主要产品有C8108精密剪板机、P40400型封口机、P40390型卧式玻璃车床、E32k摇臂钻、C20500复接管机、FL-3风淋室、空调器等，产品供不应求。"谈到自己的工厂和原来那些勤勤恳恳办实事的老干部、老领导，唐永泽老人充满了深厚的感情。他一激动就脱口而出给我们表演了一曲《歌颂重无好

① 位于南桐矿区的工厂原址
② 江北黄泥磅的原厂址
③ 江北黄泥磅的职工楼

干部》。唐永泽的妻子、儿子、儿媳都是无专厂的职工。老人家退休早，月收入4000多一点，家里还有一个得了癌症的卧病在床的儿子。他们一家人现在最大的意见就是医院的乱收费。唐永泽的妻子告诉我们：你哪怕是得了一个小感冒，一进医院医生就要求你把医院的医疗器械全部检查一遍。

① 笔者与退休老工人交流沟通
② 笔者采访退休老工人

第15节 南桐矿区氮肥厂

1970年，为了配合第二轮三线建设的高潮，国家计委、财政部拨款80亿元，大兴"五小"工业，南桐矿区获得389.8万元，在位于万盛矿山路74号的万盛乡两河口，兴建了地方国营工业性质的南桐矿区氮肥厂。

南桐矿区氮肥厂，设计规模为年产合成氨3000吨，于1973年7月建成投产，时有正式职工322人。

由于设计规模过小、生产工艺不合理和"文化大革命"的影响，从建厂到1979年，该厂累计亏损514.7万元。

已被房地产开发了的南桐矿区氮肥厂原址

南桐矿区氮肥厂原址

1982 年，国家追加投资 285 万元，进行了以节能降耗为中心的"三改八"工程，即将年产量从 3000 吨提高到 8000 吨，1984 年第四季度竣工。

据资料显示，1985 年，该厂有正式职工 546 人，固定资产原值 683.4 万元，主要设备有合成塔 1 座、压缩机 5 台、造气炉 7 台及车床、锻压设备 7 台，动力机械总能力为 3680 千瓦。全年产合成氨 7532 吨，碳酸氢氨 12627 吨，产值 466 万元，利润 0.43 万元，税金 15.1 万元，所产化肥供应南桐矿区，部分外销巴县及邻近区县和贵州地区。

第16节　四十一中学鱼田堡战备分校

据重庆出版社 2020 年出版的《重庆市南桐矿区志》第 632 页：1966 年秋，各中学校"停课闹革命"。1968 年秋，各中学校复课，重庆市第四十一中学校，利用重庆市第十八中学校在鱼田堡修建的"战备校舍"建立分校（由重庆市第四十一中学学生轮流到分校"学工、学农"，不招收南桐矿区的学生，1978 年撤销）。

1976 年 9 月 1 日，重庆市第四十一中学 6 个班（含高七八级四班在内）、300 余人，背起背包，手提洗脸盆、

四十一中学鱼田堡战备分校教室遗址

①

茶瓶、炒面之类的个人物品，在市中区的菜园坝火车站，乘慢车——绿皮火车，经綦江向南桐矿区"备战"而去。现在，从重庆市区去南桐（现万盛经开区），走高速公路，开车两个多小时就到了。但是在1976年，我们坐慢车，一大早出发，摇啊摇，摇到摸黑的时候，才能抵达南桐矿区的万盛火车站。到了万盛火车站，各班分别集合，开始向鱼田堡方向"一、二、一"。开头还多正规的，像电影中的八路军；走了不多会儿就像游击队了；再走，就有点儿像国民党的残兵败将了——军容不整，军纪涣散。我们高七八级四班是摸黑从万盛火车站向左转，到了南桐矿区职工医院再来个90度左转，走泥石路三四千米，经鱼田堡煤矿，爬300级的阶梯，终于到了41中学战备分校，开始了一个学期的战备学习生活。

在四十一中学鱼田堡战备分校，我们不是简单地来走过场，而是真正地来体验战争当中的学习生活：两幢"军工黑"教学楼，地处深山老林之中；各两幢男女学生宿舍（四层楼），两个班合一层，在它的后面石林之中。大食堂在坡下临水而建，养了3头猪；后面是教工宿舍。用一句话可以概括："靠山、分散、隐蔽"。男、女学生宿舍之间有一座开水房，它的下面一点是澡堂。早上7点钟，起床号一响，大家争先恐后去打热水，洗漱一阵后赶紧往山下跑，去吃早饭。吃饭是每八个人一桌，编了号，固定下来的，我们这一桌四男四女，张锡林、吴晓峰、周明三个捣蛋鬼全交给了我管理。一大盆稀饭、各一大块玉米发糕，没有多的。吃完早饭，再爬300步台阶到教室，人还没有走到教室，肚子就饿了。

战备分校后面是一座望不到山顶的大山，且无路可走，我们组织了几次"敢死队"，计划爬上去一览众山小的，都无功而返。山高有好水，一年四季没有断过，水中有没有什么微量元素不知道，没有去化验过，但是一天三顿用此水煮的饭，吃了就一个感觉——饿。老师可能也是如此吧，除了李明老师之外，其他老师都无精打采。那个教我们外语的"朱胖嘟"，慢慢瘦了；那个教我们语文的小个子刘老师，个子也愈来愈小了……战备分校那时最大的问题，不是学不学、学好不学好的问题，而是怎么解

① 四十一中学鱼田堡战备分校
　教室遗址
② 四十一中学鱼田堡战备分校
　教室遗址

②

①

决饿肚子的问题。我们当时的办法有三个：第一，靠父母给我们准备的炒面。每个学生都或多或少有一些炒面，但从不"打平伙"，只是到了深夜被饿醒了，大家分别吃一点儿，应急。第二，周末，用二两粮票去鱼田堡煤矿伙食团，换一个大白面馒头吃。第三，偶尔带个大口缸，去接下井矿工的免费浓豆浆喝。我本来一直有睡午觉的习惯，当时学校午饭后也有这样一个安排的，可是我的个头大、胃口好，学校的那点供应对我来说根本就不够。怎么办呢？东想西想，我就打起了三千米外鱼田堡煤矿免费的浓豆浆的主意：每天中午待同学们上床午休时，我就提起两个八磅的大茶瓶，去鱼田堡煤矿喝个饱，再顺便带两瓶回来给男同学分享分享。

从 2021 年五一节开始"跑三线"，我去得最多的就是煤矿

① 四十一中学鱼田堡战备分校附近的铁路
② 四十一中学鱼田堡战备分校教室遗址

②

了，这与我 1976 年那段四十一中学南桐矿区的学习生活是分不开的。我们不仅去偷喝了人家的免费豆浆，还在鱼田堡煤矿实习过，看过多次露天电影。

在战备分校的实习，我们被分配到靠近井口的一个车间做清洁卫生，顺便给上下井的矿工递茶水、豆浆什么的——这也是矿上管我们豆浆喝个够的原因之一了。叫"学工"也好，叫"实习"也罢，在四十一中学鱼田堡战备分校学习生活的一个学期，让我对重庆煤矿、对煤矿工人的工作和生活有了进一步的认识。上午、下午在鱼田堡煤矿劳动，中午我们两人一组，被分配到附近农村搭伙——去体验生活。我跟班上一位女生一起，被分配在一唐姓中年

妇女家，她的丈夫在附近不远的东林煤矿上班，有一个十二三岁的女儿，多好客的。

"文革"时期，老百姓是看不到什么进口影片的，但有一个例外，那就是罗马尼亚还没有被"修正主义"。一天晚上，鱼田堡煤矿风雨球场放露天电影：《多瑙河三角洲的警报》，得到通知后同学们兴奋得不得了，早早地吃完晚饭后，大家列队，拿着板凳就往鱼田堡煤矿跑。什么叫"摩托艇"、什么叫"男女接吻""男女拥抱"，我们听都没听说过。这一看不要紧，居然看得球场上一二千人鸦雀无声，可内心却在波涛汹涌，以至于夜不能寐。原来世界上还有条多瑙河，是那样的绿、那样的美。原来世界上

四十一中学鱼田堡战备分校遗址

还有男女接吻和拥抱。可是那个时候我们男女同桌还在划"三八线"呢！

1976 年有一件让人终生难忘的事就是粉碎"四人帮"。那个时候我们根本不懂什么是政治，更不懂党中央首脑机关还有激烈的政治斗争。四十一中学鱼田堡战备分校的周连长，召集 6 个班的学生并分校全体员工在大操场集中，宣读中共中央文件，又组织我们收听中央人民广播电台的新闻联播，我们这才知道，让我们没得学习、吃不饱饭的家伙叫"四人帮"。

我身在南桐矿区的夹皮沟最深处，感受不到外面的春潮涌动和兴高采烈。但仿佛一夜之间，分校发生了两大变化：一是原来被称作"臭老九"的老师，现在都扬眉吐气了。我们从来没有听到李明老师唱歌的，她现在开始唱歌了。二是在学校吃了一顿这一辈子最巴适的饭——叶剑英元帅倡导的"团结饭"。从我出生那天起，在我的记忆中，没有一天是吃饱过、吃好过的。学校居然把仅有的、准备过春节才宰杀的三头猪，拉出去全部杀了。那天下午放学，近 400 同学和教职员工，各自拿一个洗脸盆到河边去做清洁——不是用洗脸盆去洗脸洗脚，而是拿去装肉。那个高兴劲哟，只有老天爷才知道。